Ganed Roger Boore yng Nghaerdydd, ac yno mae'n byw.
Mae ganddo radd yn y Clasuron o Rydychen, a PhD
mewn Hanes o Brifysgol Cymru Abertawe. Yn 1970
sefydlodd Wasg y Dref Wen gyda'i wraig Anne. Hwn yw ei
ail lyfr taith; rhoddwyd canmoliaeth uchel i'r cyntaf,
Taith i Awstralia.

Hefyd gan Roger Boore
Taith i Awstralia
Y Bachgen Gwyllt
Llyfrau Plant mewn Ieithoedd Lleiafrifol
Ymerodraeth y Cymry

ROGER BOORE

Marchogion Crwydrol

DREF WEN

I'M GWRAIG

Mae Roger Boore wedi datgan ei hawl i gael ei adnabod
fel awdur y gwaith hwn yn unol â
Deddf Hawlfraint, Dyluniadau a Phatentau 1988.

© Roger Boore 2010
Cyhoeddwyd 2010 gan Wasg y Dref Wen,
28 Ffordd yr Eglwys, Yr Eglwys Newydd,
Caerdydd CF14 2EA
Ffôn 029 20617860.

Map gan Anna Ratcliffe

Argraffwyd ym Mhrydain.

Mae'r cyhoeddwyr yn cydnabod cefnogaeth
ariannol Cyngor Llyfrau Cymru.

CYNNWYS

1 Bomio yn Llundain

Roedden ni – fy ngwraig a minnau – am aros ychydig ddyddiau gyda'r teulu yn Jávea ar y Costa Blanca, yna mynd am dro bach ar draws canol Sbaen; trwy daleithiau La Mancha ac Extremadura, bron at ffiniau Portiwgal, cyn dychwelyd i'r Costa drachefn. Roedd pobl y tywydd yn darogan gwres.

Y ffordd synhwyrol i fynd i'r Costa yw mewn awyren. Gallwch hedfan o Gaerdydd yn y bore, glanio yn Alicante ganol dydd, hurio car, a bod â'ch traed yn y pwll nofio erbyn canol prynhawn. Mae'n eithaf rhad hefyd, weithiau.

Ond roedd gennym lwyth o stwff i'w gludo, a rhaid oedd cymryd y car, clamp o Volvo Estate coch, deuddeg mlwydd oed bellach. Mae wedi derbyn ambell dolc yng nghwrs ei anturiau; ond mae'n gadarn – bu'r tolciau a roddodd yn fwy!

Mae gennych ddewis o fferis i gyrraedd gogledd Sbaen. Mae llongau P&O yn fawr ac yn foethus, fel gwestyau ar y glasddwr; 36 awr o Portsmouth i Bilbao. Dyw Brittany Ferries ddim hanner mor gysurus ond 18 awr a gymerant o Plymouth i Santander. Ceir bwyd da gan y ddau, ond gall fod yn stormus ar Fae Vizcaya, a phwy sy'n poeni am fwyd wedyn? Cael sefyll ar dir diysgog sy'n bwysig – gwell 18 awr na 36 …

Gadawsom Plymouth ar 6 Gorffennaf a glanio yn Santander yn gynnar ar y 7fed ac aros ar ôl cwpwl o oriau yn nhref fach Aguilar de Campoo i gael brecwast. Rhoddodd y tafarnwr ein diodydd lemon o'n blaen ac amneidio ar y teledu uwchben y bar. "Glywsoch chi'r newyddion?" holodd. "Mae bomiau wedi ffrwydro yn Llundain, gwaith Mwslimiaid, maen nhw'n tybio …"

2 Y Marchog Prudd ei Wedd

ALBACETE – MONTESINOS – MANZANARES – ARGAMASILLA DE ALBA – CAMPO DE CRIPTANA – EL TOBOSO – MANZANARES ETO

Gadawsom Jávea yn gynnar, ond roedd yr haul eisoes yn gynnes. Aethom ar hyd y draffordd i Alicante, yna troi trwy'r bryniau, ac allan o'r bryniau i wastadedd uchel La Mancha ac i'w phrifddinas, Albacete. Yn ôl hen rigwm,

> *Para queso, el manchego ...*
> *Para mujeres tiernas, las de Albacete.*

La Mancha yw'r lle am gaws,
Albacete am ferched hynaws.

Mae caws *manchego* ar werth trwy Sbaen, fel *cheddar* yma. Mae braidd yn blaen ac anniddorol, yn fy marn i; fedra i ddim sôn am ferched Albacete.

Tref fawr ddiwydiannol (poblogaeth 160,000) ynghanol tirwedd unig yw Albacete. Mae ganddi dîm pêl-droed adnabyddus, Albacete Balompié, oedd newydd syrthio o'r Primera. Ffurfiad ffug yw Balompié ("pêl troed"), fel "diddosben" am "het"; *fútbol* yw'r gair arferol. Ond mae llysenw'r tîm yn dda: "El Queso Mecánico", sef "Y Cosyn Mecanyddol". Adlais yw'r "Mecánico", meddir, o *La Naranja Mecánica*, teitl Sbaeneg *A Clockwork Orange*. Ond y "Queso" sy'n cyfrif yn La Mancha.

Aethon ni ar goll yn Albacete, a chrwydro am hydoedd trwy strydoedd dinod nes cyrraedd iard gaeedig yn ymyl rheilffordd, a gorfod holi'r ffordd sawl tro cyn dianc o'r dref. Yna roedden ni allan ar y gwastadedd unig drachefn, heb na thai na chreaduriaid yn y golwg, ddim hyd yn oed y preiddiau defaid sy'n darparu'r caws, dim ond ŷd melyn a rhesi o winwydd ac olewydd yn estyn hyd at fryniau'r gorwel, lle cylchai breichiau hamddenol rhenc ddiddiwedd o dyrbinau gwynt.

Roedden ni'n teithio trwy wlad dychymyg. Y tiroedd hyn oedd cynefin *Y Bonheddwr Dyfeisgar Don Quijote de la Mancha*, y Nofel Fawr Sbaeneg ac un o nofelau mawr y byd, onid y fwyaf.

Mae gan bawb yn ei gof ddelwedd debyg o Don Quijote a'i gymdeithion, sy'n tarddu o'r lluniau rhyfeddol a dynnwyd gan Gustave Doré ac Honoré Daumier ar ganol y bedwaredd ganrif ar bymtheg: Don Quijote ei hun, yn anhygoel o dal a thenau (a'i bicell hirfain yn ei wneud yn dalach fyth); Rocinante, ei geffyl gwachul esgyrnog; Sancho Panza, ei ysgweier ffyddlon byrdew ("bola" yw ystyr *panza*); a'r asyn llwyd, isel, di-enw sy'n dioddef dan bwysau Sancho. Mae un cymeriad canolog arall – heb ddarlun clir ohoni oherwydd anaml y gwelir hi yn y stori. Honno yw'r "ddihafal Dulcinea del Toboso", y "feistres" ddiwair ddelfrydol y mae Don Quijote yn ei gwasanaethu (fel y gwasanaethai pob marchog rhamantus ryw feistres). Mae hi'n llenwi ei feddyliau a'i freuddwydion – ond a yw e byth yn cwrdd â hi yn y cnawd?

Parodi oedd *Don Quijote* i fod. Roedd Cervantes am ddychanu'r lliaws o nofelau anghredadwy am farchogion crwydrol disgleirwych – Amadís o Gâl, Lawnslot, Tristan, Palmerín o Loegr a'u tebyg – oedd yn hudo darllenwyr y cyfnod â'u gorchestion goruwchddynol, eu sifalri chwyddedig, eu cewri, dreigiau, angenfilod a rhianedd mewn adfyd (stwff oedd eisoes yn hen ffasiwn, a sifalri ar drai ers y Canol Oesoedd). Bwriadai Cervantes bortreadu Don Quijote fel ynfytyn – fel henwr twp oedd wedi colli gafael ar realiti trwy ddarllen gormod o'r sothach hyn. Ond syrthiodd mewn cariad â'i greadigaeth. Os oedd Don Quijote yn wallgof, roedd hefyd yn ddewr, doeth, caredig, anrhydeddus – yn noblach ac yn ganwaith anwylach na'r ffug-arwyr roedd i fod yn eu gwawdio.

Sancho Panza oedd y pin yn y swigen: y gwerinwr anwybodus ffraeth, a'i draed ar y ddaear, a geisiai liniaru ar ffolineb ei feistr – pan nad oedd yn cymryd mantais arno.

Gallai Don Quijote, a'i ddelfrydiaeth afreal, fod yn symbol o Sbaen ei hun, a hudwyd trwy gydol ei hanes gan syniadau ffantasïol, yn grefyddol a gwleidyddol. Ond ni fu ffantasïau'r Sbaenwyr mor ddiniwed. Esgorasant ar anoddefgarwch, hiliaeth, erledigaeth, artaith a lladd …

Roedd y wlad o'n cwmpas yn frith o fannau Don Quijote, yn pobi yn yr haul: Munera, Montiel, llynnoedd Ruidera … A dacw arwydd at Ogof Montesinos!

Yn Ogof Montesinos cafodd Don Quijote un o'i anturiaethau rhyfeddaf. Aeth yno gyda chefnder iddo a Sancho – a chyda chanllath o raff, am mai twll fel pydew oedd yr ogof.

Tynnodd Don Quijote ei gleddyf i glirio'r chwyn a llwyni oedd yn cau ceg y twll, a hedfanodd cwmwl swnllyd o frain ac ystlumod allan, gan ei fwrw ar lawr.

Disgynnodd Don Quijote i'r twll ar y rhaff. Ar ôl hanner awr, dechreuodd y lleill bryderu amdano, a thynasant ef i fyny. Ond roedd mewn trwmgwsg, a bu angen cryn ymdrech i'w ddihuno.

Yna adroddodd ef ei hanes. Roedd yn frith o gymeriadau o'r hen storïau a baledi a garai gymaint.

Ar ôl disgyn rhyw bellter, roedd wedi dod at siambr yn ochr yr ogof, a mynd i mewn iddi a syrthio i gysgu. Pan ddeffrôdd, roedd mewn gweirglodd iraidd, y brydferthaf a welodd erioed, ger palas o grisial tryloyw.

Allan o'r palas daeth hynafgwr urddasol, mewn dillad moethus, a'i farf wen yn cwympo at ei wasg. "Croeso, Don Quijote," meddai, "buom yn dy ddisgwyl ers amser maith. Carcharorion dan swyn ydym ni yma, a thi biau'r dasg o hysbysu'r byd amdanom. Fi yw Montesinos, ceidwad yr ogof a enwir ar fy ôl."

Roedd Don Quijote yn gwybod am Montesinos o'r faled enwog "O Belerma! O Belerma!", a soniai am Montesinos a'i gefnder Durandarte fel marchogion ym myddin Siarlymaen a chwalwyd ers talwm gan y Moros ym mrwydr Roncesvalles. Clwyfwyd Durandarte yn farwol, a'i ddymuniad olaf oedd i Montesinos dorri ei galon o'i fron a'i chludo at Belerma, y feistres hardd y bu'n ei gwasanaethu'n ofer ers saith mlynedd.

Cytunodd Montesinos fod y faled yn eirwir, ond ychwanegodd un manylyn: ar ôl torri'r galon roedd wedi ei chadw mewn halen rhag iddi ddrewi pan gyflwynid i Belerma.

Aeth Montesinos â Don Quijote i'r palas ac i stafell alabastr lle gorweddai marchog grymus ar feddrod marmor.

"Dyna Durandarte," meddai Montesinos. "Mae ef, a llawer un arall, yma dan swyn Merlin, y dewin doeth o Ffrancwr y dywedant ei fod yn fab i'r Diafol – er, yn fy marn i, mae'n gwybod tipyn mwy na'r Diafol." (Ac yma mae gan olygydd fy argraffiad o *Don Quijote* droednodyn dysgedig: "Nid Ffrancwr oedd Merlin, swynwr nerthol y chwedlau Arthuraidd, ond Llydawr neu Gymro" – sef Myrddin wrth gwrs.)

Ar hynny dyma gorff Durandarte (er heb galon) yn gweiddi nerth ei ben ddyfyniad o'r faled:

"O fy nghefnder Montesinos, onid fy neisyfiad ola
oedd iti dorri 'nghalon o'm mynwes a'i rhoi i Belerma?"

"Mi wnes i," atebodd Montesinos. "Ac ar ben hynny, dyma Don Quijote, sy'n mynd i'n rhyddhau ni o'r swyn."

"Gobeithio'n wir," meddai Durandarte. "Ond os na – amynedd! A chofia shyfflo'r cardiau." A chyda'r sylw enigmatig hwnnw, aeth i gysgu drachefn.

Treuliodd Don Quijote (yn ôl ei stori) dri diwrnod a thair

noson yn yr ogof heb deimlo angen am na bwyd na chwsg, a doedd neb o'r swynedigion chwaith yn bwyta nac yn cysgu. Gwelodd ef Gwenhwyfar, priod y brenin Arthur a chariad Lawnslot. Gwelodd ugain o rianedd yn gorymdeithio mewn dillad galar a thwrbanau uchel gwyn, a Belerma'n dod yn olaf yn cario calon Durandarte. A gwelodd y ddihafal Dulcinea del Toboso, hithau dan swyn! ...

Danfonodd Dulcinea forwyn ato i ofyn am fenthyg arian – chwe *real* – gan ychwanegu ei phais fel gwystl.

"Wna i ddim derbyn y gwystl," meddai Don Quijote, "ond dyma bedwar *real* – dyna'r cwbl sy gen i."

Diolchodd y forwyn iddo'n foesgar ond, yn lle cyrtsïo, gwnaeth hop a'i cododd hi ddwylath i'r awyr.

A chyda hynny gorffennodd Don Quijote ei stori.

"Dduw Mawr!" gwaeddodd Sancho. "Am rwtsh! Ac am ddewin grymus a all beri i ddyn deallus gredu'r fath ffwlbri!"

"Ychydig a wyddost am y byd, Sancho," atebodd Don Quijote, "ac felly rwyt ti'n meddwl bod popeth sy'n edrych yn anodd yn amhosibl. Ond gallaf dy sicrhau y byddi di ryw ddydd yn sylweddoli bod y cyfan a ddywedais yn wir tu hwnt i bob dadl ac amheuaeth."

Roedd La Mancha wrthi'n dathlu pedwarcanmlwyddiant cyhoeddi rhan gyntaf *Don Quijote* yn 1605, a newydd godi canolfan ymwelwyr ar gyfer Ogof Montesinos wrth fin y briffordd. Roedd y ganolfan ar gau, amser *siesta* prynhawn, ond dechreuon ni gerdded tua'r Ogof, gan ddilyn mynegbost.

Ond roedd y llwybr yn garegog, a'r Ogof o'r golwg, os oedd yno o gwbl, a'r wlad yn llwm ac yn felyn heb goed na chysgod, a'r haul yn ei chrasu ar 40 gradd Celsius, onid mwy. A oedd hi'n wir mor bwysig inni weld twll yn y ddaear? ... Aethon ni'n ôl i'r Volvo a'i aer-dymheru a chychwyn am Manzanares.

Gallech (o bosib) gymharu fy ngwraig a minnau â marchogion crwydrol, yn teithio ar hap gan ddisgwyl anturiaethau (nid rhai *rhy* anturus, gobeithio). Ond un antur roedden ni'n bendant am ei hosgoi oedd cysgu fel Don Quijote dan y sêr. Felly roedden ni wedi bwcio gwestyau ymlaen llaw – heno yn Manzanares.

Ein gwesty yn Manzanares oedd yr Antigua Casa de la Bodega ("Yr Hen Dafarn Win"): saith ystafell, brecwast ond dim cinio. Daethom o hyd iddo yn hwyr y prynhawn, ar gwr y dref – tŷ mawr gwyn, yn llachar yn yr haul, gyda ffenestri tal â chanopis rhesog drostynt. Cawsom ein hunain mewn anferth o barlwr tywyll, yn frith o wreichion goleuni: hen fwrdd caboledig, hen seidbord sgleiniog, porslen a phres. Roedd printiadau ar y pared, powlenni ffrwythau a chadeiriau uchel anghysurus. Popeth yn goeth a chwaethus ac yn oeraidd braf!

Ymddangosodd Isabel y berchenoges o rywle. A chreadigaeth goeth oedd hithau, merch ganol oed olygus, hynod o drwsiadus, mwy o *hostess* na gwestywraig. Roedd ei gŵr o'r golwg, yn brysur gyda chyfrifon ac atgyweiriadau, gallwn feddwl; dyna ffawd arferol gŵr yr *hostess*.

Roedd gennym oriau o brynhawn tesog o'n blaen i chwilio am ragor o fannau Don Quijote, cyn dychwelyd i gael cinio mewn rhyw fwyty yn Manzanares; byddai digon ohonyn nhw.

"En un lugar de la Mancha, de cuyo nombre no quiero acordarme, no ha mucho tiempo que vivía un hidalgo … – Mewn pentref yn La Mancha, nad wyf eisiau cofio ei enw, yn lled ddiweddar roedd bonheddwr yn byw…" Dyna eiriau agoriadol *Don Quijote*, y rhai enwocaf yn llenyddiaeth Sbaen. 510 o dudalennau'n ddiweddarach (yn fy nghopi i) mae Cervantes yn datgelu'r enw wedi'r cyfan: Argamasilla de Alba. Mae'n bosibl iddo dreulio cyfnod yng ngharchar Argamasilla (a dyna pam na fynnai ei enwi) ac iddo ysgrifennu darn o'r nofel yn ei gell. Beth bynnag, Argamasilla yw prif gysegrfan selogion Don Quijote, a dathliadau yn cael eu cynnal yno weithiau.

Doedd Argamasilla ond ychydig gilometrau o Manzanares, ar y briffordd o Ciudad Real i rywle. Ond roedd y briffordd yn cael ei haddasu'n *autovía*, a'r lôn yn nadreddu cymaint rhwng conau a pheiriannau a phentyrrau grit nes inni fethu'r troad i

Argamasilla a gorfod gyrru am filltiroedd cyn medru dod yn ôl. Ar gwr y dref safai melin wynt wen isel, gyda phedair hwyl gota lonydd: teyrnged i Don Quijote, siwr o fod. Roedd pethau eraill i'w gweld yn Argamasilla, ond welson ni mohonyn nhw am ei bod yn rhy boeth i grwydro. Eisteddon ni am ychydig mewn parc o goed mawr deiliog, gyda meinciau a ffynhonnau, lle'r oedd talp o boblogaeth Argamasilla wedi ffoi rhag yr haul fel ni.

Doedd hi ddim yn bell o Argamasilla de Alba i Campo de Criptana, lle dywedir i Don Quijote ymladd â melinau gwynt. Ar y ffordd yno gwelsom bedair melin ar ben twyn, yn dwt a del fel un Argamasilla, a'r un mor annhebygol o weithio, am eu bod yn sefyll yng nghanol milltiroedd o winllannoedd. A rhywsut, er dilyn arwydd i Campo de Criptana, daethom yn lle hynny i Alcázar de San Juan, a mynd ar goll yno. Crwydron ni strydoedd a ddechreuai'n bwysig ond edwino'n llwybrau pridd a gorffen mewn iard ysgol, buarth fferm, perllan olewydd. Aethom yn ôl a holi'r ffordd gan ddyn yn sefyllian ar y pafin.

"Dwi'n ddieithryn fy hun yn Alcázar de San Juan," atebodd.

Holasom ŵr ifanc oedd ar fin ymwasgu i'w gar.

"Dilynwch fi," meddai. "Dwi'n mynd i Quintanar de la Ordén, ond mi ro i chwifiad ichi wrth y troad i Campo de Criptana."

Dim ond car bach oedd ganddo, ond roedd yn fywiog, a doedd e'n malio dim am yr hen Volvo a'i ddeiliaid oedrannus. Daethom at ffordd wledig, mor syth â saeth, a safodd ar y sbardun. Rhuthrodd yn ei flaen, amhosibl cadw i fyny, roedd yn pellhau fel roced ofod, roeddwn i'n mentro'n bywydau i'w ddal mewn golwg! Diflannodd dros ael bryn, ac erbyn imi gyrraedd honno roedd ar ael y bryn nesaf … Ac o'r diwedd gwelais chwifiad ar y gorwel, a medrem droi i lawr wrth ein pwysau am Campo de Criptana.

"Y Frwydr â'r Melinau Gwynt" oedd un o anturiaethau cyntaf Don Quijote, a'r enwocaf (a chredaf mai dyna pam mae La Mancha yn gwarchod a harddu ei hen felinau, ac am wn i yn ychwanegu atynt).

Mae ychydig fwy o onglau i'r stori nag mae rhywun yn eu

cofio … Roedd Don Quijote a Sancho ar eu hynt yn chwilio am anturiaethau, pan welsant dorf o felinau gwynt ar eu llwybr – tri neu bedwar deg ohonynt.

"Dyna lwc, Sancho!" meddai Don Quijote. "Trwy ladd y cewri 'na, bydda i'n ennill gogoniant, ymgyfoethogi o'r ysbail, gwaredu'r byd o'u drygioni a rhyngu bodd Duw, i gyd ar yr un pryd!"

"Pa gewri?" holodd Sancho.

"Rheina fan'cw, gyda'r breichiau enfawr!"

"Melinau ydyn nhw, nid cewri, a'r breichiau'n hwyliau!"

"Dangos dy anwybodaeth rwyt ti, Sancho. Ac os oes ofn arnat, cer i guddio a gweddïo ar Dduw am lwyddiant imi."

Nesaodd Don Quijote at y cewri, a gweiddi: "Peidiwch â ffoi, y llyfrgwn budr! Dim ond un dyn sy'n ymosod arnoch!"

Cododd chwa o wynt gan beri i'r hwyliau droi.

"Chwifio'ch breichiau, ai e! Cewch chi dalu am hynny! … O annwyl feistres Dulcinea, amddiffynna dy farchog!"

Ac ar hynny cododd ei darian, lefelu ei bicell, sodro'i sodlau i ystlysau Rocinante, a charlamu'n wyllt am y cawr agosaf.

Cydiodd un o'r hwyliau yn y bicell a'i malu'n rhacs, gan daflu Don Quijote a'i geffyl i rolio'n bendramwnwgl dros y cae. Brysiodd Sancho atynt ar ei asyn, a chael ei feistr yn rhy glwyfedig i symud.

"Wedais i mai melinau gwynt oedden nhw, on'd do!"

"Taw, gyfaill Sancho. Dyna ffawd rhyfel. Ond cewri ydyn nhw, a'm gelyn y Dewin Mawr Frestón sydd wedi'u hudo'n felinau er mwyn fy nhwyllo o'r gogoniant o'u gorchfygu. Ond yn y pen draw bydd rhinwedd fy nghleddyf yn drech na'i holl gelfyddyd anfad!"

Ac ymlaen â nhw i chwilio am anturiaethau newydd.

Pentref bach iawn, yng ngwaelod pant, oedd Campo de Criptana, efo eglwys â thŵr ac un ffatri gyda simnai uchel. Dilynon ni fynegbost "I'r Melinau", ac esgyn meidir i ben twyn moel caregog, a'r borfa'n grimp ar ôl misoedd o haul, a diadell fach bert o ddeg melin bwt unffurf, gyda chyrff gwyn, capiau du a hwyliau byr segur, yn disgleirio dros y gwastadedd. Roedd pobl o gwmpas: ar hwyrddydd o haf roedd bryn y melinau'n gyrchfan cariadon.

Doedd hi ddim yn bell o Campo de Criptana i El Toboso, trigfan y ddihafal Dulcinea, cariad ramantus Don Quijote. Disgrifiodd ef Dulcinea unwaith i gydymaith (er nad oedd erioed wedi ei gweld):

"Brenhines yw fy meistres, a'i harddwch yn oruwchddynol, canys ynddi y gwireddir pob dim a briodolir gan y beirdd i'w boneddigesau. Mae ei gwallt o aur, ei thalcen yn Feysydd Elysaidd, ei dwyael yn ddwy enfys, ei llygaid yn heuliau, eu gruddiau'n rhosynnau, ei gwefusau'n gwrel, perlau yw ei dannedd, alabastr ei gwddf, marmor ei mynwes, ifori ei dwylo, a'i phrydwedd fel yr eira. Ac am y rhannau a guddir gan ddiweirdeb, credaf a deallaf na ellir, o ystyriaeth synhwyrol, eu cymharu ag unpeth, dim ond eu canmol."

Go dda! (er i'r golygydd dysgedig nodi bod yr Inquisición wedi sensro'r frawddeg olaf).

Un diwrnod penderfynodd Don Quijote fynd i El Toboso i erfyn bendith Dulcinea ar ei anturiaethau, "oherwydd," meddai, "nid oes dim yn rhoi mwy o ddewrder i farchog crwydrol na derbyn ffafr ei foneddiges." Doedd gan nac ef na Sancho unrhyw syniad ble yn El Toboso roedd hi'n byw.

Daethant i'r dref ganol nos, ond doedd dim byw na bod ar Don Quijote nad âi ar unwaith i chwilio am balas tybiedig Dulcinea. Gwelodd trwy'r tywyllwch adeilad mawr â thŵr uchel, a phrysurodd ato; ond yr eglwys oedd.

Ciliasant i goedwig tu allan i'r dref, a chyda'r dydd danfonodd Don Quijote Sancho i chwilio am Dulcinea.

"Sylwa'n ofalus, Sancho, ar ei hymateb pan glyw fy enw, oherwydd ei hosgo, yn hytrach na'i geiriau, fydd yn datgelu cyfrinachau ei chalon … Ydy hi'n gwrido, ydy hi'n cynhyrfu? … Gofyn iddi fendithio fy anturiaethau a chaniatáu imi ei gweld.

Ac – O sgweier dedwyddaf o sgweieriaid y byd! – paid â drysu gerbron ei harddwch."

Wedi mynd o'r golwg, eisteddodd Sancho dan goeden ac ystyried: "Dwi'n nabod pobl La Mancha! Maen nhw'n bigog fel y diawl ac yn garcus o'u benywod. Os dechreua i holi o gwmpas am Dulcinea, byddan nhw'n fy nghicio allan o'r dref a malu f'asennau â phastynau ... Lwc bod fy meistr yn wallgof! ... Fe arhosa i nes bod rhyw ferch fferm yn dod i'r fei ar ei ffordd i'r caeau, ac yna dweud wrtho mai Dulcinea yw hi, a mwy na thebyg bydd e'n credu mai rhyw ddewin sy wedi ei hudo hi i edrych fel merch fferm."

Maes o law dyma dair slebog flêr yn dod o'r dref ar gefn asynnod, a brysiodd Sancho at Don Quijote.

"Dewch ar unwaith, feistr! Mae tair boneddiges, fel perlau o hardd, mewn gwisgoedd ysblennydd, ar geffylau gwyn gwych, yn nesu. Dulcinea a dwy o'i morynion ydyn nhw, ar eu ffordd i'ch gweld!"

Dilynodd Don Quijote ef yn eiddgar, ond siom a dryswch oedd yn ei aros. "Ble maen nhw, Sancho? Dim ond tair merch fferm a wela i!"

"Peidiwch â dweud y fath beth, feistr! Dewch i foesymgrymu gerbron tywysoges eich breuddwydion!"

Cydiodd Sancho yn ffrwyn un o'r asynnod ac ymostwng ar ei benliniau.

"O frenhines prydferthwch, mynna dderbyn dy farchog crwydrol (sy'n sefyll yma fel delw, wedi'i hudo gan dy harddwch)! Fi yw Sancho Panza, ei ysgweier, a dyma fy meistr Don Quijote, a elwir hefyd Y Marchog Prudd ei Wedd."

Penliniodd Don Quijote yn ymyl Sancho, ond heb fedru dweud gair.

"Bachwch hi, y penbyliaid!" grwgnachodd y Dulcinea dybiedig. "'Sgynnoch chi ddim hawl i wneud sbort am ben merched diniwed!"

"O eilun fy nghalon, edrych yn gariadus ar un sy'n d'addoli," ymbiliodd Don Quijote. "A melltith ar y Dewin Cas sy wedi cuddio dy harddwch rhagof a gwneud iti ymddangos – i mi yn unig! – fel merch fferm dlawd, a pheri i tithau fy ngweld yn atgas."

"Cer i grafu, y twpsyn!" poerodd y Dulcinea. "Ac allan o'r ffordd, rydyn ni ar frys!"

Clatsiodd hi'r asyn â'i ffon i'w yrru ymlaen, a hynny mor galed nes iddo wingo a rhusio a'i thaflu i'r llawr. Gafaelodd Don Quijote ynddi i'w chodi, ond doedd dim angen. Neidiodd y Dulcinea ar ei thraed, cymryd rhediad a naid, plannu ei dwylo ar grwmp yr asyn a hedfan drosto yn ôl i'r cyfrwy – ei choesau o boptu fel dyn – cyn carlamu ymaith gyda'i ffrindiau heb aros i edrych yn ôl.

"Does dim diwedd ar greulondeb y dewiniaid tuag ataf, Sancho," cwynodd Don Quijote. "Cuddio harddwch Dulcinea, mae hynny'n un peth. Ond cuddion nhw hefyd ei phersawredd – y peraroglau hyfryd sy'n perthyn i bob boneddiges. Roedd hi'n drewi'n ddychrynllyd o arlleg …"

Siomwyd Don Quijote, ond ni ddigalonnodd. Er gwaetha'r dewiniaid, daliai i gredu ym mherffeithrwydd rhamantus Dulcinea. Roedd ffantasi'n fwy real iddo na realiti; fel mae i bawb ohonom; sut arall gellir byw?

Roedd yr haul yn machlud erbyn inni gyrraedd Plaza Mayor – "Sgwâr Fawr" – El Toboso. Roedd yn llwm a llwyd a llychlyd, yn hynafol ac yn wag. Ar un ochr iddi codai eglwys â thŵr cydnerth; dyna'r un a welodd Don Quijote yn y nos. Gyferbyn safai "Amgueddfa Tŷ Dulcinea" – hen blasty ac arfbeisiau wedi'u cerfio ar ei dalcen yn null y Sbaenwyr gynt, gyda phlac yn honni mai "yma, yn amser Cervantes, y trigai'r foneddiges Ana Martínez Zarco de Morales, ar yr hon, yn ôl traddodiad, y seiliwyd cymeriad y ddihafal Dulcinea del Toboso." Gair arall am "anwiredd" yw "traddodiad", onid e? Ond dim ots; roedd y drws ar gau ers oriau beth bynnag.

Taith fer fu hi o Manzanares i Argamasilla de Alba, ac un eithaf byr o Argamasilla i Alcázar de San Juan, a byr eto o'r Alcázar i Campo de Criptana, ac eto o Campo de Criptana i El Toboso;

ond mae llawer byr yn gwneud hir, ac roeddem filltiroedd o Manzanares, ynghanol cefn gwlad, a'r golau'n trai. Rhaid cyrraedd Manzanares cyn hir neu byddai'n rhy hwyr i gael hyd i ginio (ail ofid gwaethaf y twrist, ar ôl bod heb wely). Ac roedd amser yn cerdded wrth inni grwydro o bentref i bentref yn y cyfnos, a rhuthro ar hyd y draffordd yn y gwyll, a chylchu Manzanares yn y tywyllwch, a dim bwytai i'w gweld wedi'r cyfan. Gadawson ni'r car a chwilio strydoedd bach canol y dref. Dim bwytai! Sut fath o dwll oedd Manzanares? Deg o'r gloch, roedden ni'n anobeithio!

Stopiodd fy ngwraig ryw gwpwl oedd allan am dro yn ffresni (cymharol) y nos.

"Wyddoch chi am fwyty yn rhywle?"

"Dilynwch ni!"

A daethom i'r "Restaurante Granada", a chael *gazpacho* oer, a gwin gwyn iasoer, a physgod i'm gwraig a stecen dyner i mi, a chyrraedd adre i'r Antigua Casa de la Bodega ychydig cyn canol nos.

3 Concwerwyr

VALDEPEÑAS – CAMPO DE CALATRAVA – ALMAGRO – CALATRAVA LA NUEVA – CIUDAD REAL – TALAVERA DE LA REINA – JARANDILLA DE LA VERA

Codais yn gynnar a doedd dim dŵr poeth i'w gael yn ein stafell ymolchi, felly es i chwilio am gymorth.

Deuthum o hyd i Isabel yn ei *négligé* ymysg yr hen bethau a'r porslen cain. Saith o'r gloch y bore, ac roedd hi fel pin mewn papur!

"*Dim dŵr poeth?*"

Aeth â mi trwy gegin sgleiniog efo platiau pert yn rhesi ar ddreselau, ac i mewn i hen seler y Bodega. Unwaith bu yma fyddin sarrug o gasgenni pren anferth a gwynt gwin La Mancha. Nawr roedd yn wag ond am dri silindr alwminiwm glanwaith gloyw, pob un â'i fesurydd.

Edrychodd Isabel ar un o'r mesuryddion. "Dim dŵr poeth," meddai, a mynd i chwilio am ei gŵr.

Awr yn ddiweddarach roeddem allan ar y teras efo sudd oren, *croissants* a choffi, a'r haul eisoes yn dringo wybren las ddilychwin. Byddem yn lletya heno yn y Parador yn Jarandilla de la Vera, gan milltir a hanner i'r gogledd-orllewin. Ar y ffordd roedden ni'n meddwl mynd i Valdepeñas ac Almagro.

La Mancha sy'n cynhyrchu bron hanner gwin Sbaen (er syndod inni, hwyrach, gan mai cynnyrch dewisach – *cava*, Rioja, Jerez – sy'n addurno'r archfarchnadoedd gartref). A Valdepeñas yw prifddinas win La Mancha.

Daethom i Valdepeñas ar hyd yr *autovía*, trwy eangderau o winllannoedd taclus, yna ar hyd priffordd â *bodegas* siriol ar bob llaw, a rhesi o jariau clai enfawr yn leinio'r palmentydd. O flaen caffes y Plaza Mayor safai rhengoedd o hen gasgenni gwin, ceidwaid traddodiad; ac yn y gornel bellaf roedd fan wen wylaidd yn dadlwytho cratiau Cruzcampo.

Allan â ni o Valdepeñas, i ganol rhagor o winllannoedd, ac i wlad o bentrefi ac arnynt enwau "Calatrava" – Pozuelo de Calatrava, Villamayor de Calatrava, Carrión de Calatrava, Ballesteros de Calatrava, Caracuel de Calatrava, hyn-a-hyn de Calatrava, fel-a-fel de Calatrava … Roedden ni yn y Campo de Calatrava, hen ddiriogaeth Marchogion Calatrava, sy'n haeddu gair pellach …

Un o bleserau'r ymwelydd haf yn Sbaen yw'r *fiestas*, y gwyliau lleol gwerinol sy'n rhoi cyfle i rywrai wisgo i fyny'n hardd a gorymdeithio trwy'r strydoedd, ac i'r boblogaeth (a'r ymwelwyr) sefyll ar y pafin i'w gwylio. Ar ddiwedd y noson, efallai, ceir gwledd a thipyn o ddawnsio. Rwy'n meddwl y bydden ni yng Nghymru'n mwynhau gwyliau felly; ond mae'r tywydd yn ein herbyn, on'd ydy?

Y fwyaf poblogaidd, dybiwn i, o *fiestas* y Costas – yr un harddaf, fwyaf lliwgar, fwyaf swnllyd a thros-ben-llestri – yw "Moros a Cristianos". Mae'r gorymdeithwyr yn gwisgo amrywiaeth o wisgoedd "canoloesol" hollol eithafol ac anghredadwy (rhai "Arabaidd" gan y "Moros", rhai "milwyr Sbaenaidd" gan y "Cristianos"), a cheir hefyd fflôts, bandiau di-ri, perfformwyr medrus (weithiau ar gefn ceffylau), dawnswyr, camelod efallai, eliffant gyda lwc – y cyfan yn ddifyr a braf! Yn y bore bach cynhelir brwydr ffug, a'r Moros a'r Cristianos yn ymosod ar ei gilydd mewn castell pren, efo gynnau (diniwed) yn clecian, tanau gwyllt yn ffrwydro, baneri'n cyhwfan … Y Cristianos sy'n ennill wrth gwrs, ond tybiaf mai'r Moros sy'n cael mwyaf o hwyl, am mai nhw yw'r "dynion drwg"; cânt edrych yn ffyrnig a smygu sigârs fel taflegrau rhyng-gyfandirol (ond hwyrach bod sigârs yn mynd allan o ffasiwn erbyn hyn).

Mae eithaf nifer o'r estroniaid sy'n byw yn Sbaen yn ymuno â chlybiau'r "Moros" neu'r "Cristianos". Ar wahân i'r gwisgo i fyny a dangos eich hun, mae'n ffordd dda o ddod i nabod y brodorion.

Mae *fiesta'*r "Moros a Cristianos" yn dathlu'r Reconquista, neu "Atgoncweriad", un o'r themâu mawr arwrol yn hanes Sbaen. Nid pawb sy'n sylweddoli i Sbaen fod am bron wyth can mlynedd, yn llwyr neu'n rhannol, dan law Islam. Mae'r "Moros" yn y *fiesta* yn cynrychioli'r Arabiaid a Berberiaid o ogledd Affrica a fu'n llywodraethu yn Sbaen yn enw Mohamet; y "Cristianos" yw'r brodorion Cristnogol a lwyddodd, yn y pen draw, i'w gyrru allan.

Croesodd y Moros o Foroco i Sbaen yn 711 OC a darostwng yr orynys gyfan mewn naw mlynedd, gan orffen tua'r flwyddyn 720. Tua 720 hefyd y cychwynnodd y Reconquista, ond parhaodd am ryw 772 o flynyddoedd, gan orffen ar 2 Ionawr 1492; a thrwy gydol y cyfnod hwnnw bu'r Moros yn rym yn Sbaen.

Dechreuodd y Reconquista gyda gwrthryfel bach ger glannau Bae Vizcaya, ac ymestynnodd bob yn dipyn ar hyd holl rimyn gogleddol Sbaen, o Galicia i Fôr y Canoldir, cyn gwthio ychydig i'r de a stopio. Roedd Sbaen y pryd hynny, neu o leiaf Sbaen Gristnogol, yn nyfnderoedd yr "Oesoedd Tywyll": poblogaethau cyntefig gwasgaredig; mân dywysogion yn cystadlu â'i gilydd.

Aeth canrifoedd heibio. Ymddiwyllai cymdeithas gorllewin Ewrop rywfaint a chyrraedd yr "Oesoedd Canol", a mân dywysogaethau Cristnogol Sbaen yn newid – rhai'n tyfu, rhai'n diflannu – nes i deyrnas Castilla, â'i phrifddinas yn Burgos, ddod i'r brig. Yn 1085 cipiodd Castilla arglwyddiaeth Toledo oddi ar y Moros, gan hyrddio'r Reconquista tua'r de. Yn 1147 cipiodd ardal a chastell Calatrava.

Haws oedd gorchfygu tir na'i gadw. Roedd pendefigion grymus Sbaen – yn wir, holl bendefigion Ewrop – bob amser yn eiddgar i ryfela a choncwero ac ysbeilio; dyna'u hyfrydwch. Ond ar ddiwedd y tymor ymladd aent adref ar frys i ofalu am eu stadau a'u cnydau, gan adael y tir newydd ar drugaredd y gelyn. Felly pan ofynnodd Sancho III, brenin Castilla, am wirfoddolwyr i amddiffyn Calatrava yn barhaol yn erbyn y Moros, dim ond un ateb a gafodd. Ond ateb gwreiddiol ac annisgwyl oedd e, er ei fod yn tarddu o hir hanes yr ymrafael rhwng Islam a Chred …

Erfyn tyngedfennol Islam wrth ledaenu'r ffydd oedd y *jihad* – y rhyfel sanctaidd yn erbyn anffyddwyr. Roedd *jihad* yn fwy na brwydrgarwch, roedd yn ideoleg, yn seiliedig ar y Coran ac yn ddyletswydd ar Fwslimiaid. Peth erchyll a barbaraidd yw gorfodi'ch crefydd ar eraill trwy rym arfau, onid e? Ond bu *jihad* yn ysgubol o effeithiol, gan ledu Islam dros rannau mawr o Asia, Affrica ac Ewrop.

Adwaith hwyr Cristnogaeth i'r *jihad* oedd y Groesgad, nad oedd yn ddyletswydd ar neb ond a apeliai at ryfelgarwch cynhenid uchelwyr y gorllewin. Aeth y croesgadau enwocaf i Syria a Phalesteina yn y Lefant; lansiwyd eraill yn erbyn paganiaid gogledd Ewrop; a chroesgad hefyd oedd yr ymgyrch yn erbyn Moros Sbaen. Craidd mudiad croesgadol y Lefant, erbyn canol y ddeuddegfed ganrif, oedd urddau rhyngwladol o fynaich-farchogion – Urdd y Deml ac Urdd Sant Ioan – a wladychodd yn y tiroedd a orchfygwyd a'u hamddiffyn yn erbyn gwrthymosod yr Arabiaid …

Nid arglwydd rhyfelgar a atebodd apêl Sancho III, ond Raimundo de Fitero, abad mynachlog Sistersaidd Fitero, yn Navarra, gogledd Sbaen. Ei syniad oedd diogelu Calatrava ag urdd frodorol Sbaenaidd newydd o fynaich-farchogion, ar batrwm rhai'r Deml a Sant Ioan. Yn 1158, gyda bendith y brenin (a gadarnhawyd wedyn gan y Pab), sefydlodd Urdd Marchogion Calatrava, y gyntaf o dair Urdd Marchogion enwog Sbaen: Calatrava, Santiago, Alcántara.

Mynaich-farchogion: pinacl rhamant a delfrydiaeth Oes Aur

Sifalri! – mor hynod a lliwgar â breuddwyd Don Quijote (er mai "marchog crwydrol" oedd hwnnw, heb berthyn i unrhyw urdd).

Crefyddwyr oeddent. Tyngent y tri llw mynachaidd, dros ufudd-dod, tlodi a diweirdeb. Ymrwyment ar ben hynny i gadw distawrwydd yn y ffreutur, y dortur a'r oratori; i ymprydio'n fynych; i adrodd nifer penodedig o baderau bob Awr Ganonaidd; ac i gysgu yn eu harfwisg. Ysent am burdeb, aberth, hunanymwadiad a darostyngiad y cnawd, yn ôl perffeithrwydd llwm Cristnogaeth y dydd.

A rhyfelwyr oeddent, *crème de la crème* byddinoedd Castilla, gyda'u harfwisg loyw, eu ceffylau bywiog trwm, eu picellau a'u cleddyfau, eu penwn a'u harfbais (croes sgarlad y Sistersiaid ar gefndir gwyn, yn achos Marchogion Calatrava), eu cyflymdra a'u nwyf a'u dewrder a'u diffyg tosturi. Tanciau anorchfygol y Canol Oesoedd! Hwy oedd ym mlaen y gad ym mrwydr drychinebus Alarcos (1195), pan chwalwyd lluoedd Castilla gan y Moros, a cholli Calatrava a llawer man arall; ac ym mlaen y gad eto ym muddugoliaeth aruthrol Las Navas de Tolosa (1212), pan adenillwyd Calatrava a dofi nerth Moros Sbaen unwaith ac am byth.

Roedd angen arian i gynnal byddin o farchogion, a thiroedd i ennill yr arian, a gwaddolwyd Marchogion Calatrava ag ystadau helaeth gan frenhinoedd (a chan eraill a'u hystyriai yn "achos da"). Cynhwysai'r ystadau yn eu hanterth 64 o bentrefi, 200,000 o drigolion, gwinllannoedd a pherllannau olewydd, tir âr a phorfa, preiddiau a melinau. Pen-llys yr Urdd oedd castell Calatrava la Nueva; ond ei chalon oedd ei choffrau a'i chlercod yn nhref gyfagos Almagro.

Anodd i ddelfrydiaeth gyd-fyw â chyfoeth, ac aeth delfrydiaeth Calatrava i ffordd pob delfrydiaeth. Trowyd llw "diweirdeb" (os cedwid ef erioed) yn addewid o "ffyddlondeb priodasol". "Tlodi"! Roedd incwm aruthrol yr Urdd yn ennyn cenfigen tywysogion. Dirywiodd "ufudd-dod" yn gynnen ac ystryw. Gan amlaf roedd dau Ben-feistr yn cystadlu am oruchafiaeth, weithiau rhagor.

Diswyddodd y brenin Pedro Greulon o Castilla dri Phen-feistr o'r bron am gynllwyno yn ei erbyn (gan ddienyddio dau ohonynt – un, meddir, â'i ddwylo ei hun). Am ddau can mlynedd bu uchelgais, arian a rhaniadau'r Urddau Marchogion yn glefyd yng nghorff gwleidyddol Sbaen, nes i'r brenin Fernando'r Catholig, gyda chaniatâd y Pab, eu darostwng o'r diwedd i'w awdurdod ei hun: Calatrava yn 1487, Alcántara a Santiago rhwng 1492 a 1494.

Ddiwedd y bore daethom i Almagro, hen dref osgeiddig yn crasu yn yr haul. Aethom am dro ar hyd strydoedd urddasol o dai carreg gwelw, gydag eglwys neu ddwy ac ambell balas, mynachlog neu leiandy efo drws pren trwm a phatio tawel. Lle hyfryd oedd e, ond ichi aros yn y cysgod.

Roeddem am weld y Corral de las Comedias ("theatr awyragored o'r 16eg ganrif, heb ei thebyg yn Sbaen," meddai'r tywyslyfr). Ond dydd Llun oedd hi, ac atyniadau twristaidd Sbaen ar gau.

Daethom allan i *plaza* anferth, balmentog, ddisglair, fel cae pêl-droed o agored a chymesur. Ar ddiwrnod marchnad byddai'n fwrlwm o stondinau lliwgar; yn y gorffennol pell buasai'n faes i farchogion ymwan; heddiw roedd yn wag ond am wasgariad o dwristiaid.

Ym mhen agosaf y *plaza* safai'r Ayuntamiento (sef Neuadd y Dref) gyda'i fflagiau; yn y pen pellaf roedd parc; ac ar hyd y ddwy ochr ymestynnai dau adeilad trillawr hirfaith unffurf, wedi'u paentio'n wyn a gwyrdd. Tai gyda ffenestri gloyw oedd y ddau lawr uchaf, ac oddi tanynt roedd porticos o golofnau carreg. Mewn gwlad o *plazas*, roedd hon yn eithriadol o bert a chymen.

Roedd yr haul yn llenwi'r *plaza* fel llyn, ac aethom i gael diod yn un o'r caffes a lechai dan y porticos. O bryd i'w gilydd byddai rhyw dwrist eofn yn mentro o gysgod un portico a'i lansio'i hun tua chysgod y portico gyferbyn. Dim oedi; y ffordd gyflymaf rhwng dau gysgod oedd biau hi.

Aethom dan ein portico i'r parc. Ymysg y coed a'r blodau a'r llwyni safai cerflun llawn-faint o ddyn ar gefn ceffyl, o ryw fetel ariannaidd llachar. Nid un o Farchogion Calatrava oedd e chwaith, ond (meddai'r plac ar y plinth):

Diego de Almagro
Adelantado y Capitán-General del Reino de Chile
Pennaeth a Chapten-Cyffredinol Teyrnas Chile
Almagro 1480 – Cuzco 1538

Diego de Almagro y *conquistador*! Ar ôl Hernán Cortés, concwerwr yr Asteciaid, a Francisco Pizarro, concwerwr yr Incaod, Diego de Almagro oedd un o anturwyr enwocaf y Byd Newydd. Cydweithiodd a chwerylodd â Pizarro …

Y Byd Newydd a'r *conquistadores*: dyna un arall o themâu mawr arwrol hanes Sbaen; yng ngolwg y Sbaenwyr o leiaf.

Onid ymadrodd da yw "Byd Newydd"? Nes i Columbus groesi'r Iwerydd, ni wyddai pobloedd Ewrop ac America ddim oll am fodolaeth ei gilydd – gallasent fod ar wahanol blanedau.

Clywir weithiau ar y newyddion am wyddonwyr sy'n gobeithio cyfathrebu â bodau o fydoedd eraill. Ydyn nhw'n wallgof? Neu hwyrach na wyddant am brofiad Indiaid America.

Pan ddaeth y Sbaenwyr i America am y tro cyntaf yn 1492, roedd yno eisoes ddau wareiddiad cymhleth a soffistigedig, eiddo Asteciaid Mexico ac Incaod Periw. Llwyr ddinistriodd y Sbaenwyr y ddau. Diflannodd pobl America hefyd, i raddau helaeth. Mae'n anodd bod yn sicr o'r ystadegau, ond erbyn tua 1620 amcangyfrifir bod poblogaeth Mexico wedi disgyn o 25 miliwn i ychydig dros filiwn, a phoblogaeth Periw o 9 miliwn i chwe chan mil; a thybir bod gweddill y cyfandir, neu rannau helaeth ohono, wedi dioddef colledion cyfatebol.

Nid y Sbaenwyr eu hun oedd yn bennaf cyfrifol am y lladdfa, ond y cymdeithion cudd a ddaeth gyda nhw dros y moroedd: y pla du, y frech wen, y frech goch, y dwymyn goch, y dwymyn felen, y dwymyn doben, teiffws, teiffoid, difftheria, niwmonia a'r ffliw.

Clefydau newydd a ffyrnig oeddent yn America, a'r Indiaid, oedd heb imiwnedd yn eu herbyn, yn cwympo fel ŷd o flaen y cryman. Dim ond un haint o bwys a hwyliodd i'r cyfeiriad arall, sef siffilis; a bu hwnnw'n bla dychrynllyd yn Ewrop am gyfnod.

Ond gwnaeth y Sbaenwyr hefyd eu rhan. Nhw oedd y meistri, ganddyn nhw roedd y dur a'r gynnau, gallent wneud fel y mynnent, a braint a phleser y cryf yw gormesu'r gwan. Lladdodd y Sbaenwyr filiynau o Indiaid yng nghwrs y blynyddoedd, trwy eu cam-drin a'u gorweithio.

Nid Sbaenwyr yn unig, wrth gwrs, sy'n euog o greulondeb ar raddfa fawr. Mae cenhedloedd mwy goleuedig, mewn oesoedd diweddarach, wedi cyflawni erchyllterau tebyg, onid gwaeth: Almaenwyr, Siapaneaid, Rwsiaid, Ffrancod, Eidalwyr, Belgiaid, Americanwyr – Prydeinwyr, hwyrach? ... A hynny heb gyfrif pobloedd *an*waraidd.

Pan ddechreuodd poblogaeth America dyfu drachefn, yn yr 17eg ganrif, nid yr un oedd ei natur. Yn y cyfamser bu mewnlifiad o Sbaenwyr – tua chwarter miliwn ohonynt erbyn 1600 (a dim llawer o Sbaenesau yn eu plith) – a mewnlifiad mwy fyth o gaethweision o Affrica. Amrywiol iawn oedd y boblogaeth newydd: Indiaid, gwyn, du, a rhagor a rhagor o waed-cymysg.

Cyn ceisio darostwng rhyw gymuned newydd o Indiaid, roedd disgwyl i'r Sbaenwyr ddarllen ar goedd iddynt ddogfen o'r enw'r "Requerimiento", neu "Orchymyn", a awdurdodwyd gan frenin Sbaen. Dyma grynodeb o'r Requerimiento – byddai'n hawdd ei ddychanu, ond roedd rhai o ymenyddiau gorau Sbaen wedi ymlafnio drosto:

> Ar ran y Brenin, yr ydym ni ei weision yn eich hysbysu mai yr Arglwydd ein Duw, un a thragwyddol, a wnaeth Nef a Daear tua phum mil o flynyddoedd yn ôl, ac un gŵr ac un wraig, o'r rhai yr ydym ni a chwithau yn disgyn ...
>
> A rhoddodd yr Arglwydd ein Duw yr holl genhedloedd hyn yng ngofal un dyn a elwir y Pab.

A rhoddodd y Pab y tiroedd hyn [sef America] i'r dywededig Frenin a'i ddisgynyddion, ynghyd â phawb a phopeth sydd ynddynt ...

Mae bron pawb a hysbyswyd o hyn wedi derbyn y Brenin ac yn ei wasanaethu, fel y dylai deiliaid ei wneud. Ac maent hefyd wedi derbyn ac yn ufuddhau i'r offeiriaid a ddanfonodd y Brenin i'w dysgu am ein Ffydd Sanctaidd, ac wedi dod yn Gristnogion; a rhaid i chwithau wneud yr un modd ...

Ond os na wnewch, tystiaf y byddwn ni, gyda chymorth Duw, yn dod i mewn i'ch gwlad â grym, a rhyfela yn eich erbyn ymhob ffordd, a'ch darostwng i iau ac ufudd-dod yr Eglwys a'r Brenin, a'ch gwneud chwi, eich gwragedd a'ch plant yn gaethweision a'ch gwerthu yn ôl gorchymyn y Brenin, a chymryd eich eiddo, a'ch niweidio a'ch difrodi hyd eithaf ein gallu ...

A datganwn mai arnoch chwi, nid arnom ni na'r Brenin, y bydd y bai am yr holl farwolaethau a cholledion a ddaw i'ch rhan ...

A dyna yw ein Requerimiento.

Duw, Pab, Adda ac Efa, ffydd, offeiriaid – estron iawn i ni yw meddylfryd Sbaenwyr y 16eg ganrif. Ond nid mor estron y Requerimiento. Mae ei bwrpas yn gyffredin i bob oes – sef rhoi cochl cyfreithiol a moesol dros ormes, lladrad a lladd.

Go brin bod yr Indiaid yn deall y Requerimiento. Câi ei ddarllen iddynt yn Lladin neu Sbaeneg, ac os (trwy ryw siawns) oedd lladmerydd ar gael, pa obaith iddo gyfleu'r fath syniadau i frodorion diniwed?

Crefyddwyr selog, yn eu ffordd, oedd y *conquistadores* (neu lawer ohonynt), a'r Requerimiento yn adlewyrchu hynny. Ond eilbeth oedd crefydd i'r Sbaenwyr a ddaeth i'r Byd Newydd: pentyrru cyfoeth oedd eu diddordeb pennaf, ac yn enwedig cyfoeth yn ei ffurf buraf – Aur ...

Ganed Diego de Almagro yn nhref Almagro tua 1479, medd

haneswyr (nid 1480 fel a honnai'r plac!), yn blentyn llwyn a pherth. Maes o law bu'n was i ŵr pwysig yn Sevilla, ond clwyfodd was arall â chyllell a gorfod ffoi, ac yn 1514 aeth draw i America, gan ymgartrefu yn ardal Panama. Tua 1520 cafodd fab, Diego arall, gan frodores.

Roedd Diego de Almagro yn gymeriad cryf ac yn arweinydd naturiol, a chododd mewn byr amser i safle blaenllaw ymhlith y mewnfudwyr. Daeth yn ffrindiau â Francisco Pizarro, gŵr o gyffelyb gefndir, oedran ac anian.

Roedd y Sbaenwyr yr adeg honno wedi eu cyfyngu i'r Caribî a'r tir mawr cyfagos, ond roedd eu gafael yn ymestyn. Yn 1519 daeth Hernán Cortés, gyda chatrawd o 500 o anturwyr, ar draws ymerodraeth nerthol yr Asteciaid, a'i chanolfan lle mae Dinas Mexico heddiw. Sicrhaodd Cortés ddiogelwch iddo'i hun ymysg yr Asteciaid trwy garcharu eu hymherodr, Moctezuma, fel gwystl. Mewn dwy flynedd darostyngodd deyrnas Moctezuma, ac enillodd ef a'i ddilynwyr ysbail anhygoel. Breuddwyd Sbaenwyr eraill America oedd efelychu Cortés.

Roedd sïon yn cyrraedd Panama am ryw wlad bell o'r enw "Periw", ar lan orllewinol De America; ac yn 1524 cychwynnodd Pizarro ac Almagro gyda chwmni arfog i chwilio amdani. Ymhen amser dychwelodd Almagro i Panama i gasglu mwy o ddynion; ond gwthiodd Pizarro yn ei flaen.

Ac yn y man cafodd dynion Pizarro ddalfa ryfeddol – rafft fasnachu ar y môr agored, gyda hwyliau cotwm, criw o Indiaid a chargo o "addurniadau aur ac arian … gleiniau a rhuddemau … cwpanau a llestri yfed … gwisgoedd o bob lliw, wedi eu gweithio â brodwaith mirain …" Darganfyddiad tyngedfennol, achos profodd yn ddigamsyniol fod rhyw wareiddiad cyfoethog gerllaw. Cadwodd Pizarro dri o'r Indiaid fel y gallent ddysgu Sbaeneg a dod yn gyfieithwyr.

Dwy flynedd wedyn hwyliodd Pizarro eto i'r de, a dod o hyd i ddinas o'r enw Tumbes, lle casglodd ddillad gwych, llestri pridd a metel, lamaod, rhagor o fechgyn i'w hyfforddi fel cyfieithwyr …

Dychwelodd i Panama ac yna i Sbaen i roi adroddiad i'r brenin (sef Siarl I, a oedd hefyd, fel Siarl V, yn Ymherodr ar yr Ymerodraeth Sanctaidd Rufeinig). Daeth yn ôl gyda'i dri hanner-brawd (llawer iau nag ef) Hernando, Gonzalo a Juan Pizarro, mwy o gyllid ac anturwyr, a chaniatâd i oresgyn Periw. Cytunwyd, os llwyddai, mai ef fyddai'n *adelantado* ar Beriw a Diego de Almagro'n *adelantado* ar "Toledo Newydd", y wlad ymhellach i'r de. Ond teitl od oedd *adelantado*: cawn sôn amdano'n nes ymlaen.

Ar ddiwedd 1530 hwyliodd Pizarro eto am Beriw, a'i olwg y tro hwn ar goncwest. Arhosodd Almagro yn Panama i gasglu dynion ychwanegol. Ond pan gyrhaeddodd Pizarro Tumbes, fe'i cafodd yn adfeilion, a'r holl wlad mewn terfysg. Roedd hen ymherodr yr Incaod wedi marw, a dau o'i feibion, Huascar ac Atahualpa, wedi ymladd rhyfel cartref am yr olyniaeth, ac Atahualpa oedd wedi ennill. Ymestynnai teyrnas anferthol Atahualpa am dair mil o filltiroedd o'r Colombia bresennol i ganol Chile, a'r Môr Tawel yn ei ffinio i'r gorllewin a fforestydd yr Amazon i'r dwyrain, a'i phrifddinas – Cuzco – yn uchel ym mynyddoedd yr Andes.

Roedd gwareiddiad yr Incaod yn hen a chymhleth; bu'n datblygu ers miloedd o flynyddoedd. Gallai'r Incaod amaethu tir a'i ddyfrhau, gweu brethyn a'i liwio, gweithio efydd, codi pontydd gwyrthiol o raffau dros hafnau diwaelod, llunio adeiladau cywrain a ffyrdd cyflym o garreg, a chreu arlunwaith gwych o aur ac arian. Ond bu'n wareiddiad unig, heb unrhyw ysgogiad neu her o'r byd allanol, ac roedd ymhell islaw lefel gwareiddiad Ewrop. Nid oedd gan yr Incaod nac ysgrifen na'r olwyn na haearn na phowdr gwn; a dim ceffylau na mulod chwaith, am nad oedd y fath greaduriaid yn bod yn America, ac eithrio rhai'r Sbaenwyr.

Ar 8 Tachwedd 1532 cychwynnodd Pizarro o lan y môr am yr ucheldir, gyda byddin bitw o 62 o farchogion, 106 o wŷr traed, dyrnaid o fagnelau bach, a'r offeiriad Vicente de Valverde, brawd Dominicaidd. Roedd awr gwirionedd yr Incaod gerllaw. Roedden nhw'n mynd i gwrdd â phobl o'r byd arall.

Ar ôl wythnos o ddringo daeth y Sbaenwyr allan i ddyffryn

gwastad ffrwythlon yng nghanol y mynyddoedd, a meddiannu tref fach o'r enw Cajamarca, oedd ar y pryd bron yn wag o bobl. Trwy gyd-ddigwyddiad pur, doedd Atahualpa a'i fyddin ond ychydig filltiroedd i ffwrdd, mewn gwersyll o bebyll ar y llechweddau, ar eu ffordd i Cuzco ar ôl ymladd yn y gogledd: efallai deugain mil o filwyr profiadol disgybledig.

Gwelai'r Sbaenwyr eu bod mewn perygl. Ond rhyfelwyr medrus, anturus, arwrol oeddent. Eu hymateb greddfol i berygl oedd ymosod gyntaf, gan ennill mantais syfrdandod.

Roedd Atahualpa hefyd mewn perygl. Ond ni sylweddolai hynny.

Bwriad y Sbaenwyr oedd concwest. A rhoddai agosrwydd Atahualpa gyfle annisgwyl iddynt. Gallent ennill popeth – neu golli popeth – ag un tafliad o'r dis.

Syniad y Sbaenwyr oedd temtio Atahualpa i Cajamarca a'i herwgipio ac yna gweld sut i'w ddefnyddio – cynllun cwbl hurt, erbyn ystyried, er gwaethaf hanes Cortés a Moctezuma. Byddai angen twyll, beiddgarwch a lwc anhygoel; ond mae'n wir bod gan *conquistadores* stôr ddihysbydd o'r tri.

Roedd sgwâr fawr Cajamarca yn ddelfrydol at y pwrpas, os gellid llithio Atahualpa iddi. Roedd adeiladau hir ar hyd tair ochr iddi lle gallai'r Sbaenwyr ymguddio, gyda drysau niferus iddynt ruthro allan pan fyddai'r Incaod, heb ofni niwed, wedi ymgasglu yn y canol.

Danfonwyd parti o farchogion at Atahualpa i'w wahodd i ddod i Cajamarca drannoeth; câi ei groesawu "fel cyfaill a brawd". Ciliodd rhai o'r Incaod mewn braw wrth i geffyl nesu atynt: a chawsant eu dienyddio gan Atahualpa am ddangos ofn.

Magl blentynnaidd o syml oedd y gwahoddiad, ac mae'n syndod bod Atahualpa wedi syrthio iddi, yn hytrach na galw Pizarro a'i swyddogion ato yntau. Ffansïo gorymdaith roedd e, mae'n rhaid, er mwyn dangos ei nerth a'i ogoniant – yn fwy i'w bobl ei hun, efallai, nag i'r estroniaid.

Daeth Atahualpa i Cajamarca ar ddiwedd prynhawn 16

Tachwedd 1532. Diflannodd y Sbaenwyr i'w cuddfannau o gylch y sgwâr, yn grwpiau arfog o farchogion a gwŷr traed. Bu llawer ohonynt, yn llythrennol, yn eu piso eu hunain gan arswyd wrth i'r Incaod agosáu; ond nid llwfrdra oedd hynny. Yng nghanol y sgwâr roedd castell carreg, lle gosododd Pizarro ei bedwar canon, a oedd i danio pan roddai'r gair – dyna fyddai'r arwydd i'r Sbaenwyr ymosod.

Dechreuodd yr Incaod lifo i'r sgwâr, catrawd o filwyr yn gyntaf. Dilynodd Atahualpa, yn gwisgo coron, dillad goludog a choler o emralltau, a phedwar ugain o arglwyddi mewn lifrai porffor yn ei gludo ar anferth o leithig wedi'i haddurno ag arian a'i leinio â phlu parotiaid. Cyrhaeddodd rhagor o filwyr, pump neu chwe mil ohonynt i gyd, nes llenwi'r sgwâr. Ond roeddent wedi dod mewn heddwch, heb arfau.

Daeth yr offeiriad Vicente de Valverde allan gyda'i ladmerydd, a sefyll gerbron Atahualpa. Beth tybed oedd cyflwr cydwybod y dyn hwn, gwas Duw a wyddai'n iawn (os nad oedd yn hollol wirion) ei fod yn gwneud gwaith Satan? Adroddodd ryw fersiwn o'r Requerimiento ac eglurodd ei fod wedi'i ddanfon gan y Brenin i esbonio'r Ffydd Gristnogol. Estynnodd lyfr offeren i Atahualpa. Ni wyddai Atahualpa beth oedd llyfr, llai byth llyfr sanctaidd. Fe'i byseddodd, blino arno, a'i daflu ar lawr.

Roedd moment fawr Valverde – ei eiliad mewn hanes – wedi cyrraedd. Brysiodd yn ôl at Pizarro gan weiddi, "I'r gad, Gristnogion! Welwch chi ddim bod y cŵn hyn o baganiaid wedi sarhau pethau Duw?"

Rhoddodd Pizarro yr arwydd. Taniodd y canonau i ganol y dorf. O bob ochr llamodd Sbaenwyr i'r golwg, ar droed neu ar geffyl, yn gweiddi eu rhyfelgri "Santiago!" Roedd popeth yn newydd i'r Incaod syn! Rhu a mwg y gynnau, diasbedain yr utgyrn, nerth a rhyferthwy'r meirch, dur Toledo y cleddyfau llachar yn slasio a thrywanu …

Rhuthrodd Pizarro a'i griw dethol am Atahualpa. Lladdwyd y dynion oedd yn cynnal y lleithig, cymerodd eraill eu lle, lladdwyd hwythau. Dymchwelwyd Atahualpa o'r lleithig a chipiodd Pizarro ef ymaith i'w bencadlys.

Ond parhaodd y lladdfa, yn y dref ac wedyn tu allan. Dwyawr tan nos, a gelyn diamddiffyn! Disgynnodd llen tywyllwch dros bentyrrau o gelanedd ar sgwâr Cajamarca a'r gwastadedd cyfagos: miloedd o gyrff, a dim un yn perthyn i Sbaenwr.

Cadwyd Atahualpa dan glo ond triniwyd yn garedig, a gadawyd i'w wragedd ddod i weini arno. Gadawyd i'w benaethiaid ddod hefyd, oherwydd brenin dwyfol hollalluog oedd e, a'i bobl yn ufuddhau iddo hyd yn oed pan oedd yng ngharchar; felly trwy reoli Atahualpa medrai'r Sbaenwyr reoli ei luoedd. Gwaharddodd Atahualpa ei benaethiaid rhag ceisio ei ryddhau trwy rym.

Ychydig a wyddai Atahualpa am y cwmni bach hwn o Sbaenwyr. Doedd ganddo ddim syniad o ble y daethant, nac am nerth diderfyn y famwlad wrth eu cefn. Ni freuddwydiai eu bod am feddiannu ei deyrnas. Credai y byddent yn cilio cyn hir, a dyna fyddai'r diwedd arnynt, ond iddo fedru diwallu eu trachwant am ysbail, ac yn enwedig am aur – daeth eu heurgarwch i'r amlwg ar unwaith.

Tybiai Atahualpa y gallai brynu ei ryddid ag aur. Felly gwnaeth gynnig o aur i'r Sbaenwyr – cynnig anferthol, anghredadwy, tu hwnt i bob ffantasi! Cynigiodd lenwi stafell ag aur, a dangosodd y stafell. Roedd yn mesur 22 droedfedd wrth 17 troedfedd ac addawodd ei llenwi hyd at ryw 8 troedfedd o uchder – ond byddai'n cymryd dau fis i'r aur ddod o Cuzco. Derbyniodd Pizarro yn llawen, yr aur a'r ddau fis fel ei gilydd; oherwydd cyn pen dau fis byddai Diego de Almagro wedi cyrraedd gydag atgyfnerthion o Panama …

Yn y tymor hir, mae'n rhaid, roedd tynged yr Incaod eisoes wedi'i selio. Byddai grym milwrol y Sbaenwyr, a grym mwy arswydus y clefydau newydd, yn eu llethu.

Ond yn y tymor byr, a hyd yn oed y tymor canol – pwy a ŵyr? Er mai arfau tila oedd gan yr Incaod – ffyn tafl, bwyeill efydd, pastynau o efydd neu garreg – gallai eu heigionau o ddynion fod wedi gorlifo a dinistrio byddin fach Pizarro trwy nerth noeth eu rhifau; a gallent wedyn fod wedi cau'r llwybrau dyrys o'r arfordir rhag carfanau newydd o Sbaenwyr.

Ond buasai'n rhaid i'r Incaod weithredu'n gyflym. A chyn gweithredu, buasai'n rhaid iddynt ddeall maint ac anian bygythiad y Sbaenwyr (ac ni fedrent). A buasai'n rhaid taflu holl nerth eu lluoedd unedig yn erbyn Pizarro, gan anghofio eu cynhennau mewnol a gadael eu brenin sanctaidd Atahualpa i'w ffawd – mewn gair, buasai'n rhaid gweddnewid holl natur a gwerthoedd eu cymdeithas dros nos. Amhosibl. A toc roedd y cyfle wedi mynd.

Erbyn mis Mawrth 1533 roedd aur ac arian yn dylifo i mewn i Cajamarca o Cuzco. Ar 14 Ebrill cyrhaeddodd Diego de Almagro gyda 150 o atgyfnerthion. Erbyn Gorffennaf roedd y pridwerth yn gyflawn. Ond ni ryddhawyd Atahualpa.

Roedd yr aur a'r arian ar ffurf ffiolau, delwau, gemwaith, addurniadau – trysorau cain. Eithr nid dyna roedd Pizarro ei eisiau ond ingotiau metel y gallai eu dosbarthu i'w ddynion. I mewn i'r ffwrn â nhw!

Yn nhermau heddiw, roedd gwerth yr aur a ddaeth allan o ffwrneisi Cajamarca tua £127 miliwn, a gwerth yr arian tua £14 miliwn. Derbyniodd gwŷr traed Pizarro o leiaf £350,000 o aur a £10,000 o arian yr un, y marchogion ddwywaith cymaint, y prif swyddogion fwy byth, Pizarro ei hun werth dros £5 miliwn, a chadwyd 20 y cant o'r cyfan i'r brenin. Mae'r ffigurau'n gamarweiniol braidd, achos roedd gwerth arian mewn cymhariaeth ag aur yn wahanol yr adeg honno. Ond beth bynnag, aeth fawr ddim o'r naill na'r llall i hwyrddyfodiaid Almagro.

Ni fu'r Sbaenwyr erioed yn bwriadu rhyddhau Atahualpa – buasai'n rhy beryglus ymysg ei bobl ei hun. Roeddent wedi ei dwyllo, a gwyddent ei fod yn gwybod eu bod wedi ei dwyllo, ac ofnent y byddai'n cynllwynio drwg yn eu herbyn. Daeth sïon i'w clustiau (trwy elynion Atahualpa) fod byddin enfawr yn ymgasglu gerllaw er mwyn ei ollwng o'i garchar, a danfonwyd ysbiwyr i ddarganfod a oedd hynny'n wir.

Ond cyn i'r ysbiwyr ddychwelyd rhoddwyd Atahualpa ar ei brawf, ar gyhuddiad o "fradwriaeth", ac ar ôl achos brysiog fe'i cafwyd yn euog. Y ddedfryd gyfreithiol am fradwriaeth oedd angau, ond bu dadlau mawr a ddylid ei chyflawni. Yn ôl rhai, roedd Atahualpa byw yn wystl gwerthfawr; yn ôl eraill, ni cheid diogelwch nes ei fod yn farw. Roedd Pizarro am ei arbed; mynnodd Almagro ei ladd; ac Almagro a orfu.

Cosb briodol bradwr oedd ei losgi'n fyw, ac ar 26 Gorffennaf 1533, wrth i'r haul fachlud ar sgwâr Cajamarca, arweiniwyd Atahualpa at y stanc. Ond llwyddodd y Brawd Valverde i'w berswadio i dderbyn bedydd a marw fel Cristion. Felly tosturiodd y Sbaenwyr wrtho, ac yn lle cael ei losgi fe'i llindagwyd â garót.

Ymhen ychydig dychwelodd yr ysbiwyr. Doedd dim byddin; doedd dim bradwriaeth; bu'r cyhuddiad yn ffals.

Dwy fyddin bellach oedd gan y Sbaenwyr, a hollt rhyngddynt. Roedd dynion Pizarro'n gyfoethog a dynion Almagro'n dlawd ac ar dân i ddod yn gyfoethog. Ond roedd pawb yn ddiwahân ar frys i gyrraedd Cuzco, chwe chan milltir i'r de trwy'r ucheldir, i ysbeilio gweddill trysorau'r Incaod.

Yn Cuzco daethant o hyd i ogof gyda "deuddeg gwyliedydd wedi'u gwneud o aur ac arian, yr un faint a golwg â phobl y wlad, yn anhygoel o realistig … a chimychiaid aur, fel sy'n byw yn y môr … a llawer o gawgiau aur wedi'u harddurno â'r holl adar a nadredd oedd yn hysbys iddynt, a hyd yn oed â chorynnod, lindys a phryfetach eraill …" Cawsant gerrig gwerthfawr a ffiolau aur, ystenau aur, esgidiau aur, delwau aur o wragedd a lamaod … Gwell na dim oedd "Gardd yr Haul" yn nheml y duw Punchao: maes o blanhigion india-corn wedi'u llunio'n gywrain, gyda choesennau arian a thywysennau aur. I mewn i'r ffwrn â nhw! Cafwyd cymaint o gyfoeth yn Cuzco ag yn stafell Cajamarca, ond bellach bu'n rhaid ei rannu rhwng mwy o ddynion.

Ysgrifennodd Cristóbal de Molina, offeiriad a gyrhaeddodd Beriw ychydig wedyn: "Doedd dim ar eu meddwl ond casglu aur ac arian i'w gwneud eu hunain i gyd yn gyfoethog … heb ystyried eu bod yn gwneud cam a difrodi a dinistrio. Canys roedd yr hyn a ddinistriwyd ganddynt yn berffeithiach nag un dim a enillasant."

Ond arhosai 20 y cant y brenin, ac arbedwyd peth o hwnnw heb ei doddi, i'w ddanfon adref i'r Ymherodr mawr diwylliedig Siarl V fel enghreifftiau o ddyfeisgarwch y gwareiddiad dieithr: llestri, casgiau, platiau, ffiolau, tabyrddau, cerfluniau, eilunod – i gyd o aur neu arian. Ond metel i'w fathu, nid pethau del, oedd ar Siarl ei eisiau. I mewn i'r ffwrn â nhw! O holl gynhysgaeth ryfeddol celfyddyd yr Incaod, nid erys ond ychydig ddarnau dihangol.

Rwyf wedi sôn am "yr Incaod". Ond mae hynny'n rhoi tipyn o gamargraff. Nid un bobl ond llawer oedd "yr Incaod", a'r Incaod go iawn ond yn un llwyth yn eu plith – y llwyth buddugoliaethus gynt a oedd wedi darostwng y lleill. Felly croesawyd y Sbaenwyr gan lwythau darostyngedig a obeithiai ymryddhau o'r Incaod iawn, heb ystyried eu bod yn cyfnewid iau caled am iau caletach. Ac ymhlith yr Incaod eu hun ceisiodd rhai tywysogion gefnogaeth y Sbaenwyr er mwyn disodli tywysogion eraill, heb sylweddoli y byddai pob tywysog yn ddi-rym dan y Sbaenwyr. Syrthiodd ymerodraeth yr Incaod, i raddau helaeth, trwy ei deinameg hunanddinistriol ei hun. "Rhannu a rheoli" a wnaeth y Sbaenwyr: ystryw imperialwyr ar hyd yr oesoedd.

Hynny am yr Incaod. Trown at raniadau'r Sbaenwyr!

Dynion ifanc (gan mwyaf) oeddent; yn ddewr, balch, nwydus, anturus a *lwcus*. Ni ddeuent, fel arfer, o gefndir breiniol. Gartref yn Sbaen, oes dlawd lafurus fuasai wedi eu hwynebu ar fferm neu mewn gweithdy (neu oes dlawd ddiog yn y fyddin). Ond ym Mheriw roeddent wedi darganfod eu Hafallon, lle gwireddwyd (neu lle gellid gwireddu) pob breuddwyd: bri, llwyddiant, rhyddid ac awdurdod dilyffethair; aur, arian, ystadau anferthol; miloedd o Indiaid ac Indiesau at eu galwad i'w maldodi a thrin eu tir a dod â theyrnged iddynt …

Ond nid pob calon yn yr Afallon hon fu'n heini a llon. Bu rhai o'r Sbaenwyr yn fwy lwcus nag eraill. Tyfodd cenfigen a chynnen yn eu mysg; a'r ffurf a gymerodd y gynnen oedd rhwyg gynyddol rhwng ffyddloniaid Francisco Pizarro a ffyddloniaid Diego de Almagro.

Bu Pizarro ac Almagro yn gyfeillion mynwesol. Roeddent yn gyfoedion (bellach dros eu hanner cant oed), ac wedi codi'n wyrthiol o ddinodedd i fawredd, Pizarro fel *adelantado* Periw ac Almagro fel *adelantado* "Toledo Newydd". Ond erbyn diwedd 1534, ar ôl rhyfel yn erbyn Incaod y gogledd, roedd Pizarro yn feistr ar Beriw gyfan ac Almagro'n dal yn feistr ar unlle.

Swydd anghyffredin oedd *adelantado*, yn bodoli (yn America o leiaf) ar gyfer concwest yn unig. Golygai fod Pizarro ym Mheriw yn gadfridog ar y fyddin fuddugoliaethus, yn dosbarthu ysbail, tir ac Indiaid i'w ddilynwyr, yn cosbi drwgweithredwyr, yn sefydlu trefi – roedd yn rheoli'r wlad fel unben. Ond unben dros dro oedd e, achos maes o law, pan fyddai'r goncwest yn gyflawn, byddai'r brenin yn danfon "Llywodraethwr" mwy ffurfiol i ddisodli'r *adelantados*.

Arweinwyr cyfareddol oedd Almagro a Pizarro, yn llawn dychymyg, antur a chalon. A rhai tebyg i Pizarro oedd ei dri hanner-brawd, Hernando, Gonzalo a Juan, oedd ar ben hynny'n llawn ysblander ieuenctid.

Roedd yn hen bryd i Almagro oresgyn Toledo Newydd. Ym mis Gorffennaf 1535 cychwynnodd o Cuzco i'r de gyda 570 o Sbaenwyr, yn farchogion a gwŷr traed, a miloedd o Indiaid fel cludwyr. Newydd-ddyfodiaid oedd llawer o'r Sbaenwyr, heb wneud eu ffortiwn eto ac yn chwenychu am aur ac ysbail fel a gafodd eraill. Arhosodd Hernando, Gonzalo a Juan Pizarro gyda garsiwn yn Cuzco, i'w diogelu rhag Incaod cythryblus.

Ni chafodd Almagro a'i ddynion nac aur nac ysbail o bwys yn Toledo Newydd. (Nid tan 1545 y darganfuwyd yno fwynau rhyfeddol mynydd Potosí, oedd i foddi Sbaen dan filoedd o dunelli o arian pur yng nghwrs y ganrif neu ddwy nesaf.) Ni chawsant dir i'w feddiannu chwaith, er treiddio mor bell ag ardal y Valparaiso bresennol. Aethant i'r de trwy oerfel dychrynllyd uchelderau'r Andes, lle trengai Indiaid wrth y cannoedd (a ffodd y gweddill). Dychwelsant gyda'r arfordir, trwy sychdir eiriasboeth anialwch Atacama, gan gysgodi'r dydd a theithio'r nos. A phan ddaeth Almagro yn ôl i Cuzco yn Ebrill 1537, wedi ugain mis o ddioddefaint ofer, roedd yn dal yn *adelantado* ar unlle.

Roedd ei ddynion yn chwerw a siomedig; ond roedden nhw'n hanner addoli Almagro, oedd wedi dod â nhw trwy eu holl helbulon a maddau dyledion y rhai a fenthyciodd arian ganddo i gyllido'r daith.

Ac yn awr roedd Almagro (a'i ddynion) eisiau Cuzco. Credai Almagro, nid yn hollol heb gyfiawnhad, mai perthyn i'w diriogaeth ef fel *adelantado* roedd hi. Felly cipiodd hi oddi ar Hernando a Gonzalo Pizarro (roedd Juan eisoes wedi'i ladd gan garreg o ffon dafl rhyw Inca), a charcharu'r ddau, er iddo eu rhyddhau ymhen ychydig.

Ond roedd ymosodiad Almagro ar Cuzco wedi rhannu Sbaenwyr Periw yn ddigamsyniol a di-droi'n-ôl: cefnogwyr Almagro yn erbyn cefnogwyr y Pizarros – Almagristas yn erbyn Pizarristas.

Daeth Hernando Pizarro yn ôl gyda byddin, trechu Almagro a'i gaethiwo, ac ar 8 Gorffennaf 1538 gorchmynnodd ei garotio yng ngharchar Cuzco ac yna torri ei ben ar y Plaza Mayor.

Roedd y peth yn anhygoel – dienyddio *adelantado* a benodwyd gan y brenin! Pan aeth Hernando i Sbaen ychydig wedyn i ddadlau achos y Pizarros, carcharwyd ef yng nghastell La Mota, yn Medina del Campo, a'i gadw yno am ugain mlynedd. Ni ryddhawyd nes ei fod ar drothwy henaint – ond o leiaf roedd yn fyw.

Daeth mab Almagro – "Diego de Almagro y Llanc" – i oed dyn; a rhaid ei fod wedi etifeddu cyfaredd ac awdurdod ei dad, oherwydd er nad oedd ond tuag ugain oed, ac o waed cymysg, derbyniwyd ar unwaith fel arweinydd yr Almagristas. Ac roedd ef a nhw eisiau dial. Ar 26 Mehefin 1541 llwyddasant i lofruddio Francisco Pizarro ei hun yn ei balas yn Lima, a chyhoeddwyd y Llanc yn llywodraethwr Periw.

Danfonwyd barnwr – Cristóbal Vaca de Castro – gan frenin

Sbaen i gymodi rhwng Sbaenwyr Periw, ond ochrodd gyda'r Pizarristas. Trechodd Vaca de Castro y Llanc ym mrwydr Chupas, ger Cuzco, ar 16 Medi 1542, a'i roi i farwolaeth.

Pethau pitw oedd y brwydrau hyn – ychydig gannoedd o farchogion mewn arfwisg yn rhuthro ar ei gilydd â gwaywffyn, fel mewn twrnamaint canoloesol. Gemau cyffrous oeddent; doedd dim rhaid i neb gymryd rhan; ond costient eu bywydau i rywrai, ac yn enwedig i arweinwyr gorchfygedig.

Danfonodd brenin Sbaen Lywodraethwr – Blasco Núñez de Vela – i Beriw. Ef oedd y Llywodraethwr swyddogol cyntaf, a chyrhaeddodd Lima ym mis Mai 1544. Ei gennad oedd amddiffyn hawliau'r Indiaid, felly gwrthryfelodd y gwladychwyr yn ei erbyn dan arweiniaid Gonzalo Pizarro, a lladdwyd Núñez de Vela ar faes cad Añaquito, ger Quito, ar 18 Ionawr 1546. Cariwyd ei ben o amgylch ar bicell, a daeth Gonzalo Pizarro yn feistr Periw, ac yn un eithriadol o greulon, a ddifaodd 340 o'i wrthwynebwyr ymysg y Sbaenwyr.

Yn 1547 daeth Llywodraethwr newydd, Pedro de la Gasca, i Beriw, gyda chennad i beidio â bod yn rhy garedig wrth yr Indiaid rhag ofn cythruddo'r gwladychwyr eto. Mor amhoblogaidd oedd Gonzalo Pizarro bellach nes i'w ddynion ei hun gefnu arno, ac fe'i trechwyd gan Pedro de la Gasca ym mrwydr Sacsahuana, ger Cuzco, ar 9 Ebrill 1548, a'i ddienyddio. A dyna ddiwedd hanes gwirion *conquistadores* Periw. Dinistrion nhw ymerodraeth a gwareiddiad yr Incaod, ac yna fe'u dinistrion nhw eu hunain.

Daeth Pedro de la Gasca â heddwch a chyfiawnder i bobl Periw (ac eithrio i'r Indiaid, a gamdrinid mor filain ag erioed) …

Felly dacw gerflun Diego de Almagro yn disgleirio ymysg y coed wrth Plaza Mayor Almagro. Bu'n ddyn mawr drwg, ond ddim gwaeth nag eraill o'r *conquistadores*. Mae'n siwr o fod yn haeddu cofeb yn ei dref enedigol.

Gyrasom ar draws y dyffryn o Almagro, trwy bentrefi Granátula de Calatrava a Calzada de Calatrava, yn chwilio am gastell Calatrava la Nueva, cadarnle'r Marchogion.

Fe'i gwelsom o bell, murddun o garreg lwyd, yn gwgu dros y tir o ben bryn crwn serth, a'r lôn yn cylchu'r llethr tuag ato fel troelliad cragen malwen. O'r maes parcio ar y gopa gallech edrych, fel y gwnâi'r gwylwyr gynt, dros filltiroedd o wastadedd heulog hyd y gorwel. Ond dydd Llun oedd hi; dim mynediad i'r castell.

Tua 30 milltir i'r gogledd o Calatrava la Nueva daethom i Ciudad Real (y "Ddinas Frenhinol"), a sefydlwyd yn 1255 gan Alfonso X y Dysgedig, brenin Castilla, i wrthbwyso grym Marchogion Calatrava. Ar deras cysgodol yng nghanol y dref cawsom *granizado de limón* – sudd lemon melys mewn llond gwydryn o iâ mâl – a gwelltyn i'w sugno nes bod dim ar ôl ond gronynnau gwyn yr iâ. Dyna'r ddiod i'w chael ar ddiwrnod poeth! Ond nid ar chwarae bach mae dod o hyd iddi – nid pob caffe sydd â pheiriant malu iâ.

Roedd y ffordd o Ciudad Real yn brysur ac araf, er bod *autovía* newydd ar hanner ei gosod i'w gweld gerllaw. Aethom o amgylch Toledo ac yna dilyn ffordd arafach byth am ddeugain milltir i'r gorllewin ar hyd dyffryn afon Tajo, nes cyrraedd traffordd Madrid-Badajoz ger Talavera de la Reina, tref adnabyddus am gynhyrchu teils.

Ger Talavera, ddau can mlynedd yn ôl, yr ymladdwyd un o frwydrau cynta'r "Rhyfel Annibyniaeth" – dyna enw'r Sbaenwyr ar yr hyn a elwir yn Saesneg y "Peninsular War" – a gychwynnodd yn 1808 pan oresgynnodd Napoleon Bonaparte Sbaen a gwneud ei frawd Joseph yn frenin. Gwrthryfelodd y Sbaenwyr, a danfonodd Prydain fyddin dan Syr Arthur Wellesley (Dug Wellington wedyn) i'w helpu.

Glaniodd Wellesley ym Mhortiwgal a symud i fyny dyffryn Tajo nes dod at Talavera, lle cwrddodd â'r Ffrancod dan y brenin Joseph Bonaparte. Daethpwyd i'r afael ar 27-28 Gorffennaf 1809, ar dywydd crasboeth fel heddiw: 46 mil o Ffrancod yn erbyn 20 mil o Brydeinwyr a 35 mil o Sbaenwyr dibrofiad.

Y noson cyn y frwydr clywyd patrôl o Ffrancod yn prowlan yn y tywyllwch. Taniodd deng mil o Sbaenwyr eu mysgedau fel un dyn – un o folis mwyaf y rhyfel – yna lluchio'u harfau i'r llawr gan weiddi "Brad! Brad!" a ffoi am eu heinioes, heb stopio nes cyrraedd gwersyll Prydeinig (a'i ysbeilio). "Ymddengys iddynt gael eu brawychu gan sŵn eu gynnau eu hun," adroddodd swyddog o Sais a fu'n sefyll gerllaw.

Lladdwyd oddeutu saith mil o ddynion ar y naill ochr a'r llall yn y frwydr, enciliodd y ddwy fyddin, a hawliodd y ddwy y fuddugoliaeth.

Ar ôl y frwydr ysgubodd tân ffyrnig trwy borfa grin y cadfaes, gan losgi llawer o glwyfedigion i farwolaeth.

Gadawsom y draffordd wrth Navalmoral de la Mata, a chroesi dolydd afon Tiétar tua llechweddau ardal La Vera, a mynyddoedd y Sierra de Gredos yn llenwi'r wybren yn y pellter.

Ac yn sydyn roeddem mewn gwlad o faco: erwau diderfyn o blanhigion iraidd tywyll, ac yma a thraw ysguboriau mawr gwinau ar gyfer sychu'r dail; y fwyaf diniwed o dirweddau.

Dechreuodd y ffordd godi. Nawr roeddem yn gweu rhwng bryniau a choedwigoedd. Daethom i dref fach Jarandilla de la Vera, a dilyn arwyddion i'r Parador …

Does gan Gymru, na Lloegr, ddim byd tebyg i'r Paradores. Cadwyn o westyau ydynt, yn perthyn i lywodraeth Sbaen, ond pob un â'i gymeriad unigol. Maen nhw'n hollol wahanol i'r Hiltons a'r Holiday Inns sy'n eu hatgenhedlu eu hunain ar draws chwe chyfandir (a daw tro Antarctica cyn hir, mae'n siwr).

Syniad y Paradores oedd manteisio ar rai o adeiladau traddodiadol Sbaen (sy'n frith o hen gestyll, palasau a mynachlogydd), ac ar yr un pryd eu diogelu, trwy eu haddasu'n westyau. Gellid dadlau ai "diogelu" adeilad yw ei newid yn rhywbeth hollol wahanol; ond gwell gwesty nag adfail. Codir rhai Paradores o'r newydd hefyd, a'u pensaernïaeth yn aml yn ddeniadol. Tua chant o Paradores sy'n bodoli ar hyn o bryd a deuddeg eto ar y gweill wrth imi ysgrifennu – pump newydd sbon a saith yn hynafol (castell, cyn-garchar, cyn-ysbyty, a phedwar hen leiandy neu fynachlog).

Bu peth o gysgod Ffasgiaeth yn gorwedd dros y Paradores, rwy'n meddwl. Agorwyd yr un cyntaf yn 1928 dan nawdd yr unben Primo de Rivera a'i byped-frenin Alfonso XIII, a blodeusant dan Franco, archoffeiriad y "Sbaen draddodiadol". Ond gofid i genhedlaeth sy'n diflannu yw hwnnw, os gofid o gwbl.

Lleoedd cysurus a dymunol yw'r Paradores bob amser, a cheir rhyw wefr arbennig wrth gerdded y rhai hynafol, sawl un ohonynt â'i droednodyn mewn Hanes. Rwyf wedi cwrdd â phobl sy'n eu "casglu", gan amcanu at letya ym mhob un, fel mae ambell selogyn pêl-droed am ymweld â maes pob tîm yn y Cynghrair. Ond newidiodd clybiau Caerdydd ac Abertawe eu lleoliad, syrthiodd Wrecsam o'r cyfrif a diflannodd Casnewydd yn llwyr. Aros yn gasgledig mae Paradores …

Mae fy ngwraig a minnau'n perthyn i drefn "Amigos" y Paradores. (Dim trafferth na chost i ymuno; dim angen cyfeillgarwch neilltuol chwaith; cynllun marchnata ydyw.) Ein braint bennaf yw meddu ar gerdyn "Amigos", sy'n rhoi hawl i ddiod "groeso" rad-ac-am-ddim o'r bar wrth gyrraedd (cwrw, gwin neu sudd ffrwythau – dim *shorts*). Rydym hefyd yn derbyn cylchlythyr achlysurol gyda chynigion arbennig, megis prisiau "Dyddiau Euraidd" i'r henoed. Ond O na fyddem yn gorfod talu'r pris llawn!

Daeth Parador Jarandilla de la Vera i'r golwg: hen gastell sarrug ar ben bryn, gyda dau dŵr sgwâr solet, rhagfuriau bygythiol, a phorth crwm trist. Gadawsom y Volvo ar y gro tu allan, a mynd i chwilio am y dderbynfa.

Codwyd castell Jarandilla de la Vera yn y 15fed ganrif gan Gowntiaid Oropesa, yn ôl ffasiwn Dadeni'r Eidal, gan gyfuno'r gaer â phalas: cragen galed tu allan, moethusrwydd melys tu mewn.

Aethom trwy'r porth yn y rhagfur i batio hudolus. Ar draws y pen pellaf estynnai *loggia* osgeiddig a *loggia* arall uwch ei phen gyda pharapet o faen cerfiedig. Roedd ffynnon yn y canol yn tasgu dŵr i gafn; roedd palmwydd a chypreswydd a llwyni mewn potiau; cadeiriau a byrddau yn y cysgod ...

Cawsom ein diodydd *amigos* o'r bar – cwrw, a sudd lemon rhewllyd – ac eistedd dan y *loggia* i'w llymeitian ...

Mae Jarandilla de la Vera yn un o'r Paradores sydd â throednodyn mewn Hanes, ac un go gyffrous yn ei ffordd, er na fuasech yn meddwl hynny o'r dabled ar y mur:

Lletyodd yr Ymherodr Siarl V yma ym mhalas Jarandilla de la Vera o 12 Tachwedd 1556 tan 3 Chwefror 1557 tra oedd ystafelloedd yn cael eu paratoi iddo ym Mynachlog Yuste.

(Mae Mynachlog Yuste ryw saith cilometr o Jarandilla; roedden ni'n gobeithio mynd yno yfory.)

Rydym wedi clywed am Siarl eisoes. Ganed yn Ghent yn 1500, bu'n frenin Sbaen o 1516 i 1556, ac ef oedd yn teyrnasu adeg gorchfygu'r Asteciaid a'r Incaod a holl helyntion *conquistadores* Periw.

Ond nid brenin Sbaen yn unig oedd e. Trwy etifeddiaethau ei deulu (yr Habsburgiaid), roedd hefyd yn sofran ar Luxembourg, yr Iseldiroedd (gan gynnwys y Wlad Belg bresennol), Awstria, Hwngari, Bohemia, Sisili, Sardinia, de'r Eidal (a thalp o'r gogledd), a rhannau helaeth o ddwyrain a gogledd Ffrainc. Ar ben hynny etholwyd yn Ymherodr yr Ymerodraeth Sanctaidd Rufeinig (yr Almaen, i bob pwrpas) a meddiannodd gyfran fawr o America ... Ef, o bell, bell ffordd, oedd teyrn grymusaf Ewrop yn ei ddydd – y grymusaf efallai ers dyddiau'r Rhufeiniaid.

Ceisiodd Siarl feistroli prif ieithoedd ei amgylchfyd, yn ychwanegol at Iseldireg ei Fflandrys enedigol. Priodolir jôc iddo: "Siaradaf Ladin gyda Duw, Eidaleg gyda cherddorion, Sbaeneg gyda gwragedd, Ffrangeg yn y llys, Almaeneg gyda gweision a Saesneg gyda fy ngheffylau." Dim ots os oedd ei Saesneg yn dila felly.

Ganed Siarl i Fawrhydi. O'i blentyndod bu mawrion yn moesymgrymu o'i flaen, yn rhuthro i ufuddhau i'w orchmynion, yn ei orlwytho â gweniaith, pleser a moeth. Roedd yn ben ar fyddinoedd cryfaf Ewrop. Doedd e ddim yn berson fel chi a fi! Roedd ganddo, serch hynny, ambell wendid dynol. Dioddefai'n enbyd o'r gowt wrth heneiddio. Ac roedd ganddo'r enwog "ên Habsburgaidd" – gên isaf or-hir gyda dannedd na chyffyrddai â'i ddannedd uchaf, fel bod bwyta'n boendod iddo.

Ac yn odiach na hynny, am deyrn, roedd yn caru ei wraig, Isabel o Bortiwgal, a briododd yn 1526 ac a fu farw yn 1539 yn 35 oed. Fel y rhelyw o frenhinoedd, cafodd Siarl blant anghyfreithlon, ond nid tra oedd yn ŵr i Isabel; ac nid ailbriododd.

Roedd Siarl yn frenin reit frenhinol – yn gryf a phenderfynol a mawreddog. Ond roedd hefyd yn gydwybodol a chymedrol. Gwrandawai ar gyngor, dysgai o'i gamgymeriadau. Cosbodd rebeliaid yn llym – "cymunedau" Castilla, "brawdoliaethau" Valencia – ond ceisiai ddatrys achosion eu cwynion, hyd yn oed rhai Protestaniaid gogledd Ewrop. Gwnaeth ei orau i liniaru ar ddioddefaint Indiaid America, a bu'n gynnil o'r gosb eithaf – yn wahanol i'w gydoeswyr gwaedlyd Harri'r Wythfed a Mary Tudor. Ni feddwai ar ei rym, ac roedd ei bobl yn ei barchu, efallai yn ei garu.

Ac yna rhoes y gorau i'r cyfan. Mewn cymanfa fawr ym Mrwsel, ar 25 Hydref 1555, cyhoeddodd ei fwriad i ymddiorseddu y flwyddyn ganlynol. Manylodd ychydig am ei oes o lafur – teithio, mewn llongau brau neu ar ffyrdd garw, ar un diwrnod ymhob pedwar trwy deyrnasiad o ddeugain mlynedd:

> … naw gwaith i'r Almaen, chwe gwaith i Sbaen a saith i'r Eidal … ddengwaith yma i Fflandrys, bedair gwaith i Ffrainc mewn rhyfel a heddwch, ddwywaith i Loegr, ddwywaith i

Affrica … heb sôn am deithiau llai … Wyth mordaith ar Fôr
y Canoldir a thair ym moroedd Sbaen, a maes o law gwnaf y
bedwaredd pan ddychwelaf yno i'm claddu …

A chofnododd llysgennad yn y gynulleidfa: "Nid oedd un dyn
yn yr holl dyrfa nad oedd yn arllwys dagrau'n hidl" – a Siarl yn
eu plith.

Felly rhannodd Siarl ei diroedd rhwng ei fab Philip a'i frawd
Ferdinand, ac ymddeolodd i Fynachlog Yuste, lle bu farw ar 21
Medi 1558. A thra oedd yr adeiladwyr wrthi'n cymhwyso Yuste
iddo, arhosodd ychydig wythnosau yma ym mhalas Jarandilla de
la Vera.

Anaml iawn y bydd teyrn grymus yn ymddiswyddo heb fod
rhaid. Yr enghraifft amlycaf sy'n dod i'r meddwl yw Diocletian,
yr ymherodr Rhufeinig mawr a deyrnasodd o 284 tan 305 OC
cyn ymddeol oddeutu'r trigain oed. Felly chwiliais beth ddywedai
Edward Gibbon am Diocletian yn *The History of the Decline and
Fall of the Roman Empire*, a chael fy mhlesio'n arw wrth ddarllen:
"*The parallel of Charles the Fifth … will naturally offer itself to our
mind.*" Tanseiliwyd iechyd y ddau, ym marn Gibbon, gan ormod
o ryfela, teithio, pryder a gwaith caled, yr hyn a arweiniodd at "*the
infirmities of a premature old age.*"

Cawsom ginio gwych mewn neuadd hynafol eang yn y Parador.
Tameidiach o hyn a'r llall i gychwyn, a photelaid o win gwyn oer
"Lar de barros", o'r gymdogaeth. Yna salad petrisen i'm gwraig, a
"thri chawl" i mi, sef dysgleidiau bach o gawl tomato, cawl melon
a chawl pwmpen, pob un â dernyn o gig mwg ynddo. Wedyn
cwningen i'n dau, gyda chorgimwch ac afalau sgleiniog pitw bach.
A phwdin o *bavarois* coffi a siocled i'm gwraig ac o "ffrwythau'r
coed" gyda hufen iâ i mi. A choffi. Roeddem wrth ein bodd. A
daeth merch i'm temtio â blychaid o sigârs, a syrthiais, ac o ganol
yr Havanas anferth dewisais Don Julián bychan, a mynd allan i'r
patio i'w bwffian dan y sêr.

4 Ymherodr

YUSTE – VILLANUEVA DE LA VERA – CUACOS DE YUSTE – GARGANTA
DE LA OLLA – PLASENCIA

Amser brecwast gwelsom y papurau am y tro cyntaf ers bron
wythnos. Roedden nhw'n dal yn llawn o'r bomio yn Llundain –
pedwar tudalen cyfan yn *El País*. Roedd gan Sbaen ddiddordeb
mawr mewn bomio teroristaidd ar ôl ffrwydradau Madrid y
flwyddyn cynt, ac yn awr roedd Prydain wedi ymuno â'r clwb.

Dim cymaint o yrru o'n blaen heddiw. Roedden ni'n meddwl
cychwyn gyda Mynachlog Yuste, yna crwydro rhai o bentrefi ardal
La Vera, a gorffen gyda'r hwyr yn Parador Plasencia – dim ond
hanner can cilometr i ffwrdd.

Yn fuan ar ôl gadael Jarandilla, troesom i fyny lôn gul droellog,
a chyn hir daeth Mynachlog Yuste i'r golwg, yn drwm ac onglog
ar ysgwydd bryn yng nghanol coedwig. Dringasom staer garreg
i'r teras ac ymuno â'r twristiaid eraill – Sbaenwyr i gyd, rwy'n
meddwl, tua phymtheg ohonynt – oedd yn aros am yr ymweliad
tywysedig nesaf.

Dyma'r man a ddewisodd yr Ymherodr Siarl V i orffen ei
ddyddiau ynddo. Roedd yn arglwydd hanner Ewrop, ac wedi
teithio ei dywysogaethau i gyd, ac yn adnabod pob cwr hardd a
dymunol. Gallai fyw ym mha le bynnag a fynnai, ond dewisodd

y lle hwn.

O'i holl diroedd, Sbaen a hoffai orau. A'r lle gorau yn Sbaen, meddai rywdro, oedd La Vera. Mae chwaeth wedi newid ers oes Siarl, on'd ydyw? Nid haul, môr a Costas oedd mewn bri y pryd hynny, ond gwyrddlesni, fforest ac ucheldir tymherus.

Roedd golygfa bert o'r teras lle safem, i lawr cwm coediog a thros ddyffryn Tiétar yn y pellter. Ond roedd gan ymerodraeth Siarl filoedd o fannau pertach, yn ôl ein syniadau ni, a rhai ohonynt o fewn taith gerdded i Yuste. Nid harddwch gwlad yn bennaf a ddaeth â Siarl yma.

Dywedodd cynghorwyr Siarl wrtho y byddai La Vera yn llesol i'w iechyd. Ychydig a wyddent. Roedd merddwr a mosgitos heintiol yn rhemp yn y cylch yn y 16eg ganrif (a hyd yn oed yn yr 20fed), a chyn bod ugain mis yn Yuste bu farw Siarl o falaria.

Y fynachlog a ddenodd Siarl i Yuste. Roedd yn perthyn i urdd y Jeronimiaid, a seiliai eu rheol ar fuchedd Sant Jerôm, ac roedden nhw'n uchel iawn eu parch yn Sbaen ar y pryd. Byddai cydwybod Siarl – fel cydwybod pob teyrn da – yn feichus. Yr hyn a fynnai yn fwy na dim yn ei henaint rhy gynnar oedd gorffwys, sancteiddrwydd, ac agosrwydd Duw.

Ymddangosodd merch ifanc ddel wrth ddrws y teras. Hi oedd ein tywysyddes, meddai, ac aeth â ni trwodd i breswylfa Siarl. Dywedodd fod y cynnwys gwreiddiol wedi hen ddiflannu, ond iddi gael ei hailddodrefnu fel y buasai gynt.

Doedd e ddim yn lle mawreddog o gwbl. Bu palas ymddeoliad Diocletian, yn Spolatum, yn estyn dros naw erw, gyda lle i naw mil o ganlynwyr. Roedd iddo dyrau a rhagfuriau, strydoedd a neuaddau, temlau a baddondai marmor a chwrtiau colofnog; ac mae'n graidd hyd heddiw i ddinas Split yn Croatia. Pedair ystafell a ddigonai i Siarl: rhai helaeth, mae'n wir, ond llety pur ddistadl i gyn-Ymherodr.

Rhoddai'r stafelloedd flas eitha da o fywyd beunyddiol Siarl, gallwn feddwl, ac eithrio nad oedd gweision i'w gweld. Buasai sawl dwsin o weision ganddo – siambrleniaid, morynion, cogyddion (roedd yn hoff iawn o'i fwyd), ysgrifenyddion, caplaniaid … Ond cadwent o'r golwg fel rheol, mewn corneli eraill o'r fynachlog. Gŵr lled unig fyddai Siarl.

Edrychai ffenestr y stafell ddarllen i lawr y cwm. Yn ei hymyl roedd cadair esmwyth (un go galed ac anghysurus yn ôl ein safonau ni) efo lectern gerllaw, ac estyniad pren o'i blaen lle gallai'r teyrn orffwys ei goesau gowtiog.

Yn y siambr roedd gwely pedwar postyn a chanopi uwch ei ben; a ffenestr fach yn sbecian i lawr i eglwys y fynachlog fel y gallai'r henwr duwiol wrando offeren heb orfod disgyn ac esgyn y staer.

Roedd gan Siarl swyddfa, neu stafell dderbyn, lle medrai groesawu'r mawrion a ddeuai i'w weld – yn enwedig ei fab hynaf difrifddwys, Philip II o Sbaen. Ar y mur crogai llun gan Titian o Isabel o Bortiwgal (copi sydd yno bellach); a chyrten i'w dynnu drosto rhag llygaid dieithriaid.

Yn yr un stafell cedwid lleithig Siarl – cyfuniad o wely a chadair sedan, lle medrai estyn ei goesau poenus. Ac rwy'n meddwl mai hon oedd ei leithig go iawn, achos roedd wedi treulio'n rhacs a thyllau. Israddol iawn oedd hi o'i chymharu â lleithig angheuol yr Ymherodr Atahualpa, gyda'i haddurnau arian a'i phlu parotiaid a'i phedwar ugain cludwr. Dau ddyn ar y tro a gariai Siarl – a'i gario (meddai'r dywysyddes), pan gefnodd ar ei frenhiniaeth, bob cam arteithiol o borthladd Laredo yng ngogledd Sbaen, trwy fynyddoedd Cantabria, ar draws gwastadeddau Castilla, a thros y Sierra de Gredos i La Vera.

Yn y stafell fyw crogai Titian arall (copi eto: dinistriwyd y gwreiddiol mewn tân ganrifoedd yn ôl), yn dangos Siarl ac Isabel fel cwpwl ym machlud canol oed … Ond ni chyrhaeddodd Isabel ganol oed, naddo? … Comisiynodd Siarl y llun flynyddoedd ar ôl ei chladdu, a mynnu iddi gael ei phortreadu fel petai'n dal yn fyw a'r ddau wedi heneiddio gyda'i gilydd. Breuddwyd drist a rhamantus, a chomisiwn anodd! Ond gallai Siarl fforddio Titian i'w wireddu …

Enw arall ar y stafell hon yw "Stafell Jerónimo", oherwydd yma yr arferai Siarl gwrdd â ffrind newydd a wnaeth yn Yuste – bachgen hyfryd, deallus, bywiog, tua un ar ddeg oed, o'r enw Jerónimo. Ei blentyn anghyfreithlon ei hun oedd e – yr ieuengaf – ond prin iddo ei adnabod cyn ymddeol i Yuste. Yna rhoddodd gartref i'r crwt ym mhentref Cuacos de Yuste gerllaw a'i alw i ymweld ag ef. Jerónimo oedd goleuni ei hwyrddydd.

Ni sylweddolodd Jerónimo mai Siarl oedd ei dad tan ar ôl iddo farw. Ond cydnabu Siarl ef yn ei ewyllys, a'i godi felly i brif reng tywysogion Ewrop.

Maes o law newidiwyd enw Jerónimo i "Juan de Austria" – "Don John of Austria" yn Saesneg – a daeth yn gadfridog o fri. Hyd heddiw mae plant ysgol Ewrop yn dysgu amdano fel buddugwr brwydr aruthrol Lepanto, a ymladdwyd rhwng llyngesau Cristnogion a Thwrciaid ger arfordir Gwlad Groeg yn 1571. Arweiniodd Don John 208 o longau Cristnogol yn erbyn 230 o longau Twrcaidd. Collodd y Cristnogion tua 15 llong ac 8,000 o ddynion; collodd y Twrciaid 200 o longau a 30,000 o ddynion, gan gynnwys eu llyngesydd Ali Pasha, ac ysgubwyd nhw oddi ar y môr. Bu'n fuddugoliaeth hanesyddol bwysig a arbedodd Fôr y Canoldir rhag dod yn llyn Islamaidd.

Efallai y cofiwch gerdd wefreiddiol (os dadleuol!) G. K. Chesterton am "Lepanto":

> *... Dim drums throbbing, in the hills half heard,*
> *Where only on a nameless throne a crownless prince has stirred,*
> *Where, risen from a doubtful seat and half attainted stall,*
> *The last knight of Europe takes weapons from the wall ...*
> *Strong gongs groaning as the guns boom far,*
> *Don John of Austria is going to the war! ...*

Roedd Don John wedi chwalu Mwslimiaid y dwyrain (dros dro), ac roedd gobaith (ar ochr y Sbaenwyr) y gwnâi'r un fath i Brotestaniaid y gogledd; ond bu farw, o'r teiffoid mae'n debyg, yn yr Iseldiroedd yn 1578, pan oedd tua 32 oed.

Yn y daflen dwristiaeth am La Vera, roedd dau beth yn ein diddori: yr *arquitectura popular* a *pimentón*. "Pensaernïaeth werin" oedd yr *arquitectura popular* i fod, efo strydoedd cul a thai crwca ac ati; a'r *paprika* lleol oedd y *pimentón*.

Aethom yn ôl i Jarandilla de la Vera, ond doedd yno ddim *arquitectura popular* werth sôn amdani (a llwyr anghofion ni am y *pimentón*).

Doedd dim *arquitectura popular* yn Madrigal de la Vera chwaith, ond roedd yr haul yn boeth a chawsom ddiod mewn caffe wrth y *plaza* (dim *granizados*, yn anffodus).

Villanueva de la Vera oedd y lle am *arquitectura popular*, yn ôl y daflen – roedd yr awdurdodau wedi'i mabwysiadu yn ei chrynswth fel "*conjunto histórico-artístico*", a'i diogelu a'i harddu fel enghraifft arbennig o wych o'r *arquitectura popular*. Roedd yn dipyn o atyniad twristaidd.

Ar awgrym fy ngwraig, gadewais y Volvo ar gwr Villanueva de la Vera, a cherddasom i ganol y dref i lawr stryd hir, anniddorol a chrasboeth o heulog (a byddai'n rhaid dringo'n ôl yn y man). Dylwn fod wedi gyrru.

Roedd y *conjunto histórico-artístico* yn dechrau wrth waelod y rhiw. Cyrhaeddon ni stryd igam-ogam afresymegol, gyda thai gwyn deulawr a'r ail lawr yn ymestyn dros yr heol, ac weithiau roedd trydydd llawr gyda balconi a bargod teils a rheilen bren. Roedd yn bert tu hwnt.

Daethom at groesffordd, a dilyn stryd debyg, a throi corneli i strydoedd tebyg eto, a'r holl dai a siopau bach wedi'u codi'n ddi-drefn a di-siâp, ar hap. Ac weithiau roedd ffasâd gydag arfbais, ac weithiau toeau bron â chyffwrdd dros y stryd, ac weithiau tai'n pontio'r stryd fel twnnel. Roedd y paent i gyd yn ffres, a'r trawstiau'n frown gloyw, a photiau blodau hyd y lle, a lampau del chwaethus ar y muriau. Dim ceir na lle i geir – roedd angen traps dwy-olwyn a merlod bach rhubanog. Tref dylwyth teg oedd hi, wedi'i llunio o felysion a theisen.

Daethom allan i *plaza* fach gydag eglwys a ffynnon a phorticos a chaffes efo parasols piws a melyn; a chael diod yn y cysgod; ac yna cychwyn am Cuacos de Yuste, i weld cartref plentyndod Don John.

Anwybyddais awgrym fy ngwraig, a gyrru i ganol Cuacos de Yuste. Pentre hyfryd oedd e, gyda rhyfaint o *arquitectura popular* a *plaza* urddasol (os heulog). Ond lle dinod oedd tŷ Don John – buasech chi'n disgwyl gwell gan fab ymherodr, hyd yn oed un anghyfreithlon; ac roedd ar gau beth bynnag.

Ond roeddwn i mewn tipyn o drafferth gyda'r Volvo Estate. Bûm yn dilyn stryd gul a throellog, a nawr, wrth imi rowndio cornel, gorffennodd. Roeddwn i wedi gyrru i gawell cimychiaid o adeiladau hynafol; rhwydd dod iddo, anodd dianc. O'm blaen teneuodd y ffordd i lwybr troed. Ar fy chwith roedd mur tywodfaen blaen anferthol; ar y dde, hen blasty urddasol del; tu ôl, rhyw neuadd neu eglwys bilerog …

Disgynnodd fy ngwraig i'm cyfarwyddo efo'r bacio, ac wrth imi ei gwylio dros fy ysgwydd, gan geisio osgoi piler tu cefn, dyma sŵn crafu atgas o'r tu blaen, ac roedd y bwmper yn sownd yn erbyn y mur.

Es allan i arolygu'r sefyllfa. Bu'n astrus o'r blaen, nawr roedd yn amhosibl …

Wrth imi rwbio fy ngên, daeth hen ŵr o'r plasty. "Cymrwch yr olwyn," meddai'n nawddoglyd. "Ymlaen ychydig … llaw chwith i lawr … yn ôl … llaw dde i lawr … ymlaen … yn ôl …"

Roedd yn amlwg yn tynnu ar oes o brofiad. Rhaid ei fod wedi'u gweld nhw i gyd yn gaeth yn y gornel hon – Volvos, Mercedes, Bentlys, pedwar-pedwariaid, tai symudol, pob rhyw gerbyd trwm a thrwsgl, rhy fawr i'r estroniaid gwirion wrth y llyw. Gwaith ei fywyd, rwy'n tybio, oedd eu tywys allan cyn iddynt ddifrodi blaen ei gartref.

Cymeron ni ffordd y mynydd i Plasencia: i fyny'r cwm coediog heibio Mynachlog Yuste, i fyny eto trwy ragor o goed, a rhwng llechweddau moel i ben y bwlch.

Roedden ni ar ymyl cwm dwfn heulog, gyda therasau ar y llethrau a mynyddoedd eraill yr ochr bellaf. Yn y gwaelod troellai neidr o wyrddlesni, yn dangos cwrs nant. Tu hwnt i hwnnw safai pentref – "Garganta de la Olla", yn ôl y map.

Dilynon ni'r lôn i lawr y rhiw ac i mewn i'r goedwig. Roedd rhes hir o geir wrth fin y ffordd, felly stopion ni i weld beth oedd ar droed.

Roeddem wedi darganfod cornel o Baradwys. Byrlymai'r nant i lawr trwy'r coed dros greigiau trwm, llwyd, llyfn, ac islaw roedd argae'n cronni'r dŵr yn llyn; clytiau o heulwen, clytiau o gysgod tywyll, a golau brith yn disgyn trwy'r dail.

Roedd plant yn chwarae yn y dŵr bas, a rhieni'n torheulo ar y creigiau, a phobl yn nofio fel morloi, a bechgyn yn llamu gyda sblash o ganghennau'r coed. Tynnon ni'n hesgidiau ac eistedd â'n traed yn y llyn – beth allai fod yn hyfrytach?

"*On holiday?*" meddai dyn ifanc tu ôl inni.

"*What part of Britain are you from?*" holodd fy ngwraig.

"*Not Britain – Dublin! … I came out about four years ago on building work, and stayed … *"

Glesni, bryniau, hafau hir – pam nad aros yn La Vera?

Aethom am dro trwy Garganta de la Olla (gadawsom y Volvo tu allan ar y ffordd fawr). Roedd ganddi strydoedd igam-ogam, tai pontiog, *plazas* mympwyol a chymaint o *arquitectura popular* â Villanueva de la Vera. Ond roedd Garganta de la Olla heb gael ei ffantaseiddio i fod yn *conjunto histórico-artístico*, ac roedd arni angen paent ac atgyweiriadau fel pentref go iawn.

Mewn siop dywyll ar stryd gam prynon ni dun sgwaraidd o *pimentón*, cynnyrch Meibion Salvador López, Cuacos de Yuste, a'i agor ar ôl cyrraedd adre. Mae iddo liw coch dyfnach na'r *paprika* arferol, a sawr cryfach a melysach, ac mae'n stwff da, yn ôl fy ngwraig.

Daethom o'r mynyddoedd a dacw Plasencia yn y dyffryn – dinas ar fryn, a'i hen furiau'n ymestyn ar hyd glannau afon Jerte. Wedi croesi'r bont gwelsom arwydd i'r Parador, a'i ddilyn ar hyd priffordd rhwng y muriau a'r afon. Ymhen ychydig trodd y briffordd i mewn i'r dref a dechrau dringo'r bryn.

Ond er mai'r llywodraeth biau'r Parador, ac yn gallu gosod arwyddion fel y mynn, doedd dim rhagor o arwyddion ato. Ond roedden ni'n crwydro ardal o adeiladau mwyn hynafol, ac am mai'r "Convento de San Vicente Ferrer" fu'r Parador ers talwm, a'r "Convento" yn golygu "mynachlog", allai fe ddim bod yn bell.

Daethom ar ei draws yn sydyn, clamp o le, gyda muriau uchel trwchus a thŵr byrdew trist, yn debycach i gastell na mynachlog, a chastell sylweddol hefyd. Gyrrais trwy'r porth a dod at lifft i faes parcio tanddaearol. Doeddwn i ddim yn hoffi golwg y lifft yna: roedd braidd yn gyfyng i'r Volvo, a beth petai'r trydan yn methu rhwng lloriau? (Ond wnaeth e ddim.)

Daethom i fyny i berfedd rhyfedd y fynachlog, ffrwyth pum canrif o ffasiynau cyfnewidiol ac amseroedd da a drwg. Roedd yno eglwys osgeiddig a chaer guchiog; waliau o wyngalch ac o feini garw llwyd; balconïau awyrog ac orielau ogofaidd; porticos carreg ac o frics coch newydd; patio anferth, gardd a choed; a phwll nofio hefyd yn y pellter, gyda chyrff gwelw dan ymbaréls ar hyd y glannau.

Sefydlwyd y Convento de San Vicente Ferrer yn 1477, ar gyfer Urdd y Dominiciaid, gan Álvaro de Zúñiga (Dug Plasencia ac un o Fawrion Sbaen) i gyflawni adduned gan ei ail wraig, Leonor de Pimentel. Bu farw mab Leonor yn ddisymwth, ond awgrymodd ei thad-gyffeswr, y brawd Dominicaidd Juan López de Salamanca, iddi erfyn eiriolaeth y diweddar sant Dominicaidd, Vicente Ferrer, gydag addewid i godi mynachlog Ddominicaidd. Bu gwyrth: adfywiodd y plentyn yn ystod paratoadau'r angladd. Bu gwyrth fwy: cofiodd y Dug yr addewid.

Daeth y Convento de San Vicente Ferrer yn ganolfan nodedig

ar gyfer astudiaethau diwinyddol (yn ôl safonau truenus Sbaen y Gwrthddiwygiad), a bu ganddo lyfrgell helaeth o lawysgrifau Groeg, esboniadau Beiblaidd, myfyrdodau theologaidd, bucheddau saint ac ati na fuasai pobl am eu darllen heddiw, ac efallai nid ar y pryd.

Yn 1809, ar ôl brwydr Talavera de la Reina, daeth byddin o Ffrancod i anrheithio Plasencia, ac am i'r Sbaenwyr fod yn storio defnyddiau rhyfel yn y Convento de San Vicente Ferrer, llosgwyd rhai o'r stafelloedd darlithio fel cosb.

Ond roedd gwaeth i ddod, o safbwynt y mynachod. Trwy'r 18fed ganrif bu syniadau dieithr "goleuedig" ar eu prifiant yng ngogledd Ewrop, gan gyrraedd uchafbwynt yn 1789 gyda'r Chwyldro Ffrengig. Ac er bod Sbaen erbyn hyn yn wlad hen ffasiwn a chyntefig, ac yn llusgo ymhell ar ôl ei chymdogion, cydiasant yno hefyd, i raddau.

"*Liberal*" oedd gair y Sbaenwyr i ddisgrifio'r mudiad hwn, a lledodd fel term gwleidyddol i lawer lle, gan gynnwys Prydain: cameleon o air sydd â lliw gwahanol ymhob gwlad.

Un edefyn o'r mudiad oedd casineb tuag at yr Eglwys, ac yn enwedig tuag at fynachod – y "safnau segur" hynny nad oeddent yn llafurio nac yn nyddu ond a fwynhâi fywyd bras ar gorn tlodi eraill (yn nhyb eu gelynion).

Edefyn arall oedd athrawiaeth "Masnach Rydd" mewn nwyddau a thir – tir yn enwedig yn achos mynachlogydd Sbaen. Roedd y mynachlogydd, trwy lawer rhodd, ewyllys a gwaddol ar hyd y canrifoedd, wedi etifeddu ystadau anferthol nad oedd ganddynt yr hawl i'w gwerthu ac nad oeddent (ym marn y Liberales) yn eu gweithio'n effeithlon. Mynnai dogma Masnach Rydd y dylid cipio'r tiroedd hyn o "ddwylo meirwon" y mynachod a'u trosglwyddo i gyfalafwyr mentrus a fyddai'n eu datblygu'n broffidiol (dyna'r gobaith!) er lles Cymdeithas yn ei chrynswth.

Syniadau, syniadau! … Ond yr hyn a wnaeth y syniadau hyn yn bwysig oedd iddynt esgor ar drydydd syniad – yr un tyngedfennol – a wawriodd ar lywodraeth fethdaledig Sbaen yn ystod y 1830au.

Oni ellid manteisio ar y mynachlogydd i ail-lenwi'r Trysorlys gwag – eu gwladoli a'u gwerthu a phocedu'r arian? Ar fyr o dro meddiannwyd y mynachlogydd gan y wladwriaeth, taflwyd y mynachod ar y stryd ac arwerthwyd yr eiddo trwy ocsiwn – a dechreuodd yr adeiladau prydferth ddadfeilio.

Yn y 1530au y diddymwyd mynachlogydd Lloegr a Chymru, ac ar ôl pydru am bron pum can mlynedd, maen nhw'n garneddau. Nid tan dri chan mlynedd yn ddiweddarach y diddymwyd mynachlogydd Sbaen a chawsant lai o gyfle i ddirywio. O'u hatgyweirio a'u moderneiddio, maent wedi darparu lliaws o Paradores, Plasencia yn eu plith.

Cawsom ein hallweddau o'r dderbynfa a mynd i chwilio am ein stafell, a'n bagiau'n cloncian ar ein hôl. Ac ni fu'r Dug yn grintach o'r *reales*; roedd gennym filltiroedd o Convento i'w tramwyo. Aethom ar hyd portico, a thrwy neuadd dywyll ansicr ei phwrpas, a thrwy neuadd arall debyg, ac o gwmpas cloestr bach Dadenïadd perffaith (gydag addurniadau *stucco* ar y muriau, a pherthi ar y patio yn y canol, a dau lawr o bileri a bwâu), ac ar hyd coridor hirfaith wedyn … Ac nid stafell oedd ein stafell chwaith ond *celda* ("cell"), meddai'r arwydd ar y drws, inni gael cofio ein bod mewn Convento.

Chwarter wedi wyth yr hwyr, a'r haul yn dal yn grasboeth, felly cymerais dro i'r pwll nofio. Doedd neb yn debygol o foddi ynddo. Er i'r holl gyrff gwyn gael eu llusgo ymaith ers meitin, roedd gwarchodwr ar ddyletswydd o hyd, a doedd y dŵr ond prin lathen o ddyfnder o'r naill ben i'r llall. Nofiais gwpwl o hydoedd â'm pengliniau'n bwmpio ar y gwaelod.

Cawsom ginio nid mewn "*restaurante*" ond mewn "*refectorio*", yn ôl yr arwydd. Hen ffreutur enfawr y mynachod oedd e, a phulpud yn uchel ar y wal i frawd gael darllen llith wrth i'r lleill fwyta. Ar hyd y muriau rhedai ffris llydan o deils glas patrymog, a'u lliw wedi pylu gan henaint; roedden nhw'n dod o Talavera de la Reina, meddai'r gweinydd, ac yn dyddio o'r 16fed ganrif …

A chawsom bwdin melys godidog o'r enw *técula mécula*, wedi'i wneud o almonau, melynwy a siwgr, gyda thamaid o sinamon; mae'n wir yn werth ei brofi os cewch gyfle.

Aethom i'r ardd am goffi; ac roedd y palmant, yn y tywyllwch, yn dal i anadlu gwres yr haul.

5 Gwlad heb Fara

Diwrnod hafaidd newydd, a'n cynllun oedd crwydro rywfaint i'r gogledd, yna dychwelyd trwy fro Las Hurdes, a gorffen yn Parador Mérida, gan milltir i'r de o Plasencia. Ond doedd dim brys. Ar ôl brecwast aethom am dro yng nghyffiniau'r Convento.

Roeddem yn ôl yn nyddiau Philip II neu Siarl V – yn gynharach efallai – mewn ardal o strydoedd troellog a *plazas* annelwig ac adeiladau urddasol lliw'r mêl: Palas Marcwesiaid Mirabel, Palas Monroy, Palas y Ddau Dŵr, Palas yr Esgob, tai gosgeiddig, eglwys ar bob cornel, a *dwy* Gadeirlan …

Daethom allan i'r Plaza Mayor (mor ddel ar y cardiau post, mor llawn traffig ganol bore), a chychwyn yn ôl i'r Parador am y Volvo.

Aethom heibio'r Llysoedd Barn a thorf yn sefyllian ar y pafin tu allan. Torf hynod oedd hi, o ddeuoedd anghymharus yn pwyllgora, a phob dau yn debyg: dyn gwyn mewn siwt drwsiadus a phwtyn De-Americanaidd ei olwg efo gwallt hir a jîns. Tybiem mai twrnai-a-throseddwr oedden nhw, yn aros eu tro gerbron yr ynad …

Er bod fy ngwraig yn fy nghyfarwyddo, cefais dipyn o drafferth i ddod â'r Volvo o lifft gyfyng y garej. Wrth geisio osgoi'r postyn ar yr ochr dde, dyma'r sŵn crafu eto, ac roeddwn i'n sownd wrth y postyn chwith.

Dringais allan i ddadansoddi'r broblem, ac roedd yn ddifrifol iawn. Allwn i ddim gyrru nac yn ôl nac ymlaen heb ddirfawr niwed i'r paent. Yr unig ateb oedd cael rhywun neu rywbeth llawer cryfach na mi i godi blaen y car a'i hwpo i'r naill ochr – roedd angen cawr neu graen, a byddai craen yn ddrud.

Ffoniais y dderbynfa a daeth merch. Ffoniodd hithau ac ymhen ychydig cyrhaeddodd anferth o ddyn ifanc siriol cyhyrog, yn sgwâr fel drws – reslwr yn ei amser hamdden, synnwn i ddim.

"A! Samson!" meddwn. "Chi yw'r boi sy angen!"

Ond anwybyddodd hynny.

"Cymrwch y llyw," meddai, "a'i droi *tuag at* y postyn."

Gwnes hynny, a daeth y Volvo'n rhydd a gyrrais allan. Ond roedd tipyn o gywilydd arnaf. Pam nad oeddwn i'n gwybod y tric syml yna? (A pham nad oedd fy ngwraig?)

Tua deugain milltir i'r gogledd o Plasencia troesom o'r draffordd i weld tref fach Hervás, sy'n adnabyddus am ei *judería*, neu ardal Iddewig – ei chyn-*judería*, hynny yw, achos ar ôl canrifoedd o erledigaeth a sawl pogrom gyrrwyd yr Iddewon olaf allan o Sbaen yn 1492: un o'r arbrofion cynharaf (a mwyaf llwyddiannus) ar "lanhad ethnig".

Rwyf wedi gweld sawl *judería* yn Sbaen, ac mae pob un yr un fath, sef clwstwr o hen strydoedd dyrys ger canol y dref. Anodd gwybod ble maen nhw'n dechrau a gorffen, am eu bod nhw'n gwbl debyg i'r hen strydoedd eraill o'u cwmpas (dim mur cwmpasol, er enghraifft, a dim arlliw o synagog fel rheol). Roedd Hervás, fodd bynnag, wedi gwahaniaethu ei *judería* trwy ychwanegu sêr Dafydd at enwau'r strydoedd ar y waliau. Onid peth od yw coffáu eich erchyllterau eich hun?

Troesom o'r neilltu eto i weld Candelario, pentref o ddwy heol hir gyfochrog yn esgyn bryn. Aethom i fyny un heol, ond doedd dim byd diddorol ar y top, felly daethom i lawr y llall a pharhau i Las Hurdes.

Ardal o ucheldir anghysbell yw Las Hurdes, ac mae chwedl ryfedd amdani. Dywedir iddi gael ei darganfod, tua phum canrif yn ôl, gan bâr o gariadon yn ffoi o lys rhyw arglwydd. Tan hynny doedd neb o'r tu allan yn gwybod am ei bodolaeth – bu'r fro gyfan ar goll! Stori annhebygol, ond yn achos Las Hurdes gallai pobl ei chredu.

Delwedd sinistr sydd gan Las Hurdes hyd heddiw, yn Sbaen a'r tu hwnt: mynyddoedd gwyllt, glawog a diffrwyth; pobl mor arw â'r mynyddoedd, yn anwybodus ac anwaraidd ac yn dioddef o glefydau dieithr.

Crisialwyd cymeriad Las Hurdes yn y gerdd "La Jurdana" ("Y wraig o Las Hurdes"), gan José María Gabriel y Galán, a fu farw yn 1905, yn 34 oed, ond nid cyn ennill amlygrwydd am ei delynegion gwledig, melodaidd. Dyn lleol oedd Gabriel y Galán – roedd yn ffermio ger pentref Guijo de Granadilla ar gyrion Las Hurdes – a gwaith cariad a thosturi, nid dirmyg, oedd "La Jurdana". Dyma flas ohoni – ac o'r ardal a'r bobl:

> *Era un día crudo y turbio de febrero*
> *que las sierras azotaba*
> *con el látigo iracundo*
> *de las vientos y las aguas …*

> *Por la cuesta del serrucho pizarroso*
> *va bajando la paupérrima jurdana*
> *con miserias en el alma y en el cuerpo,*
> *con el hijo medio imbécil a la espalda …*
> *Yo les pido dos limosnas para ellos*
> *a los hijos de mi patria:*
> *¡Pan de trigo para el hambre de sus cuerpos!*
> *¡Pan de ideas para el hambre de sus almas!*

Diwrnod gwyllt a garw o fis Chwefror oedd e,
yn chwipio'r mynyddoedd
â ffrewyll ddicllon
y gwyntoedd a'r dyfroedd ...

Daw'r wraig anghenus o Las Hurdes
i lawr llechwedd llechfaenog y mynydd,
â thlodi yn ei henaid a'i chorff,
a'i mab bach hanner gwirion ar ei hysgwydd ...
Gofynnaf gan feibion fy ngwlad
roi i'r rhain elusennau:
Bara gwenith at newyn eu cyrff!
Bara syniadau at newyn eu heneidiau!

Cododd Gabriel y Galán i fri trwy ennill cystadleuaeth farddoniaeth a feirniadwyd gan y llenor, athronydd a mandarin academaidd enwog, Miguel de Unamuno; a daeth y ddau'n gyfeillion.

Rhai blynyddoedd ar ôl marw Gabriel y Galán, teithiodd Unamuno ei hun trwy Las Hurdes, ar droed a mul, gyda ffrindiau. Ysgrifennodd ddarn pruddglwyfus am ei brofiad, llawn "treflannau alaethus", "hofelau gresynus", "cynhaliaeth ddychrynllyd o dlawd", "tir diddiolch" a "phobl druenus"; a thynnodd sawl llun awgrymog:

"Ar bwys y pwll yn yr afon, yng nghysgod castanwydd, yn sŵn cân y dŵr, eisteddasom i fwyta. A daeth rhan helaeth o'r pentref, bechgyn a merched yn arbennig, i sefyll o'n cwmpas a'n gwylio ...

"Dywedwyd wrthyf y byddai tad weithiau, wrth roi ei ferch mewn priodas, yn ei gwaddoli â 'throed asyn'; hynny yw, pedwaredd ran ym meddiant asyn, sef yr hawl i'w ddefnyddio (a'r ddyletswydd i'w fwydo) ar un diwrnod ymhob pedwar

...

"Ymysg y ceunentydd garw a'r hafnau serth roedd terasau wedi'u codi'n llafurfawr: mur i gynnal un olewydden neu winwydden unig; sianeli bach i ddod â dŵr o bell, ac angen eu hatgyweirio'n gyson; gerddi pitw, fel teganau plant. Ac yna daw'r baedd gwyllt a dinistrio'r llain datws, bron eu hunig obaith rhag llwgu ..."

A'r paragraff hunllefus hwn:

"Treflan arall ... Mae ei thrigolion gan mwyaf yn gorachod – yn gretiniaid gyda goitr ... Ymddengys mai'r achos yw purdeb gormodol y dyfroedd, a yfir yn gwbl ddihalog, heb halenau, ac yn enwedig heb yr ïodin sydd, trwy'r thyroid, yn rheoli tyfiant y corff a phureiddiad yr ymennydd ..."

Un o gymdeithion Unamuno ar ei siwrnai oedd Maurice Legendre, anthropolegydd o Ffrancwr a gyhoeddodd astudiaeth o Las Hurdes yn 1927. Daeth hon i sylw Luis Buñuel, ac ysbrydoli ei ffilm "ddogfennol" am Las Hurdes, *Tierra Sin Pan* ("Gwlad Heb Fara"), a gyrhaeddodd sinemâu'r byd yn 1932. Mae'n ffilm drawiadol ac echrydus, nid lleiaf am i Buñuel (meddir) ychwanegu rhai syniadau pert o'i greadigaeth ei hun, megis taflu gafr fyw dros ddibyn a thaenu asyn claf â mêl i ddenu gwenyn i'w bigo i farwolaeth. Gwaharddwyd arddangos *Tierra Sin Pan* yn Sbaen rhwng 1933 a 1936 – ond oherwydd ei gwirioneddau atgas yn hytrach na'i chelwyddau.

Daethom i fynydd-dir gwyllt Las Hurdes, ond nid Las Hurdes Gabriel y Galán nac Unamuno oedd hi, llai fyth un Buñuel. Coedwigaeth erbyn hyn, nid llechi noeth, oedd i'w gweld ar yr uchelfannau, planigfeydd olewydd ar hyd y llethrau, perllannau ffrwythau a thir âr yn y cymoedd dwfn, ambell lyn diweddar yn disgleirio yn y pellter. Troellai'r ffordd dawel (ffordd garreg nawr, nid llwybr mulod) rhwng pentrefi a welodd Unamuno – ond pentrefi del a chymen oeddent, a cheir o flaen y tai, a blodau yn y gerddi. Dim hofelau nac asynnod, dim ynfydion glafoeriog na phlant cam. Bro hyfryd oedd Las Hurdes! Roedd cyfoeth y Sbaen gyfoes wedi llifo drosti fel y môr, gan lyfnu ymaith y gorffennol gerwin.

Daethom o'r bryniau ger pentref Guijo de Granadilla, cartref Gabriel y Galán, a gyrru ar draws argae wrth droed cronfa ddŵr: nid cronfa ond ei sgerbwd, wedi ei flingo gan aeaf sych a dau haf eirias, ac asennau ychydig o byllau gleision ar wasgar ymysg erwau o laid caled.

Ymunon ni â'r *autovía* ger Plasencia, a phasio rhagor o gronfeydd sych, a dinas Cáceres, a disgyn yn y man i'r dyffryn llydan lle mae afon Guadiana yn llifo heibio tref Mérida, prifddinas Sbaen Rufeinig gynt. Mae sawl pont hir yn croesi'r afon, a'r un hynaf, a ddefnyddir hyd heddiw, o waith y Rhufeiniaid eu hun.

Danfonodd Rhufain ei byddin gyntaf i Sbaen yn 218 CC er mwyn ymladd â'r Carthaginiaid, oedd wedi sefydlu trefedigaeth yn ne-ddwyrain y wlad, a'i chanolfan yn ninas Carthago Nova. ("Carthago Nova", sef "Carthag Newydd", yw'r "Cartagena" gyfoes: yr un enw o hyd.)

Cipiodd Rhufain dir Carthag ar fyr o dro, ond bu'n araf deg yn goresgyn gweddill yr orynys. Nid tan 19 CC y gorffennwyd y dasg, pan ddarostyngwyd llwythau mynyddoedd y gogledd – a bu'n rhaid i'r Ymherodr Augustus ddanfon llu anferth o 70,000 o ddynion i wneud hynny, gan gynnwys saith lleng. Y llengoedd oedd hufen byddinoedd Rhufain. Derbyniai llengfilwr well hyfforddiant, cyflog uwch a breintiau amgenach na milwyr eraill.

Un o freintiau cyffredin y llengfilwr oedd cael rhaniad o dir wrth ymddeol, ac yn 25 CC, pan ymddeolodd carfan o *veterani* llengoedd y gogledd, sefydlwyd dinas "Augusta Emerita" i'w cartrefu. Ystyr "Emerita" oedd "ar gyfer ymddeoledigion", ac o "Emerita" y daw

"Mérida". Gwnâi enw addas i sawl tref ar y Costas.

Dinas newydd sbon, ar "safle cae gwyrdd", oedd Emerita. Ac fel pob dinas o'r fath a godwyd gan y Rhufeiniaid, roedd yn hardd ac yn ddestlus ac yn dilyn cynllun safonol: strydoedd ar batrwm grid, *forum* yn y canol, a mannau adloniant ar y cyrion. Mae olion Venta Silurum (sef Caer-went, ger Casnewydd) yn rhoi syniad o osodiad tref Rufeinig. Ond lle bach dinod ym mhen draw'r byd oedd Venta Silurum; nid fel Emerita.

Mae harddwch yn llonni'r galon, a buasai'n braf byw yn Emerita ddwy fil o flynyddoedd yn ôl, rwy'n meddwl ... Buasech yn dechrau'r dydd, cyn i'r haul dwymo, trwy fynd i'r *forum* ar eich amryw negesau. (Sgwâr farchnad yw'r *forum*, ac adeiladau seremonïol y ddinas o'i chwmpas, rhai marmor, mawreddog, â cholofnau a phedimentau: y deml wladol; neuadd anferth y basilica gyda'i llys barn a'i swyddfeydd; porticos hir cysgodol efo cerfluniau.) ... Ymlaen wedyn i'r baddonau moethus, i ymdrochi yn y pyllau oer, llugoer a phoeth – ond yn fwy byth i gymdeithasu. (Daw dŵr y baddonau – a dŵr y dref gyfan – ar hyd acwedwctau o bell, a'i gario ymaith wedyn gan rwydwaith o garthffosydd tanddaearol.) ... Ac ymlaen eto, efallai, maes o law, i weld perfformiadau yn y theatr neu'r amffitheatr, neu i wylio'r rasys cerbydau yn y Circus ... A brafiach byth eich byd os oeddech yn gyfoethog ac yn berchen ar un o blastai helaeth urddasol Emerita, gyda gardd a llyn, mosaigau cain, a gwres canolog o ffwrneisi dan y llawr.

Ond amheuthun i'r ychydig oedd y ddinas. Trigai a llafuriai trwch mawr y boblogaeth yn y *territorium* amgylchynol – cannoedd o filltiroedd sgwâr o gaeau, porfeydd ac anialwch. A thu hwnt i hwnnw, dinasoedd eraill a'u tiroedd; a thu hwnt i'r rheina, cannoedd o ddinasoedd eto, hyd at ffin yr Ymerodraeth lle'r oedd gwareiddiad yn gorffen.

Dinas bwysig oedd Emerita o'r cychwyn, ond aeth yn bwysicach. Ar ddiwedd y drydedd ganrif oc, pan ad-drefnwyd gweinyddiad yr Ymerodraeth gan yr Ymherodr Diocletian, gwnaed hi'n brifddinas ar y dalaith enfawr a gynhwysai Sbaen gyfan a thalp o ogledd Affrica. Erbyn diwedd y bedwaredd ganrif, pan restrodd y bardd Lladin Ausonius ddinasoedd mwya'r Ymerodraeth yn ei *Dinasoedd Enwog yn eu Trefn*, rhoes i Emerita yr unfed safle ar ddeg, o flaen Athen, er ychydig ar ôl Milan (a doedd dim lle o gwbl i Londinium, prifddinas talaith Britannia).

Mae Diocletian yn adnabyddus, cymaint â dim, am ei erledigaeth ddidostur ar Gristnogion – yr erlid olaf, cyn i'r Ymherodr Cystennin roi statws breiniol i Gristnogaeth. A bu Emerita'n dyst i ferthyrdod neilltuol o enwog. Adroddir yr hanes mewn cerdd goeth gan y bardd Prudentius, ac fel llawer stori ferthyrdod, gellir ei darllen mewn sawl ffordd.

Roedd merch ddeuddeg oed o'r enw Eulalia, o deulu pendefigaidd a Christnogol, yn byw yn Emerita. Creadures ddifrifol iawn oedd hi, yn casáu teganau a thlysau, byth yn gwenu – roedd hi'n sobr fel hen ŵr, medd y bardd.

Disgynnodd rhyw bla ar Emerita, gan godi cymaint o fraw ar gaethweision y teulu nes iddynt ddychwelyd at eu hen arfer o aberthu i'r duwiau paganaidd. Cynddeiriogodd Eulalia ac ymosod arnynt – yn gorfforol, er mai merch fach oedd hi – fel bod rhaid i'w rhieni ei chuddio yng nghefn gwlad er mwyn ei diogelwch ei hun.

Ond un nos dihangodd Eulalia a chychwyn trwy'r tywyllwch am Emerita – côr o angylion a oleuai ei ffordd. Erbyn bore roedd hi yn y *forum*, wrth y llys barn mawreddog. Safodd yn eofn o flaen yr Ustus a'i gablu ef a'r Ymherodr a'r duwiau oll:

Isis, Apollo, Venus, nid ydynt ddim;
yr Ymherodr, nid yw ddim;
hwy, am mai gwaith llaw dynion ydynt;
ef, am mai gwaith llaw a addola.

Ceisiodd yr Ustus newid ei meddwl. Bygythiodd gosbau

dychrynllyd, soniodd am alar ei rhieni, erfyniodd arni i gyflawni'r ychydig lleiaf o'r defodau paganaidd a fyddai'n ei hachub:

Forwyn, bydd popeth yn dda
ond i dy fysedd tyner
gyffwrdd â gronyn o halen,
â mymryn o thus …

Poerodd Eulalia yn ei lygaid, cicio'r ffiol thus ymaith, a thaflu'r eilunod ar lawr.

Felly rhoddodd yr Ustus hi yn nwylo dau filwr i'w chosbi. Rhwygasant y cnawd oddi ar ei hasennau â chrafangau haearn a llosgi ei hystlysau â ffaglau. Cydiodd y fflamau yn ei gwallt hir a llyncodd hi'r mwg nes tagu. Wrth iddi farw, gwelodd y milwyr golomen ddisgleirwen yn dianc o'i genau ac yn esgyn i'r nef – dyna oedd ei henaid. Wrth i'w chorff orwedd yn y *forum*, disgynnodd eira fel amdo i'w chuddio.

Mae'n stori ddigon rhyfedd, onid gwirion, yn ôl ein syniadau ni. Ond os hepgorir y gwyrthiau – yr angylion, y golomen a'r eira (a'r rhethreg) – ceir trychineb hollol gredadwy: *angst* ac obsesiwn merch ar drothwy aeddfedrwydd yn gwrthdaro â chreulondeb diarhebol Cyfraith Rhufain. Am y naill, cymharer stori Sarah Jacob neu'r *witches of Salem*; am y llall, y Croeshoeliad.

Ond wrth gwrs ni ellir hepgor y gwyrthiau, oherwydd hwy, a'r merthyrdod, oedd holl bwynt y stori, i'r Cristnogion cynnar ac i'r paganiaid oedd yn prysur droi'n Gristnogion. Dyheu am wyrthiau roedden nhw, i brofi bod eu saint yn saint. Oblegid saint oedd anadl einioes yr Eglwys gynnar. Saint oedd yn eirioli dros y bobl gerbron Duw, yn gwarchod y cnydau, yn cadw heintiau draw – saint, ym myd newydd y Drindod, oedd etifeddion y duwiau paganaidd coll. A'r ferch fach drist Eulalia fu'n brif sant y Sbaenwyr am ganrifoedd, nes ei disodli gan y rhyfelwr Sant Iago.

Estynnai Ymerodraeth anferthol Rhufain o'r Alban i'r Sahara, o'r

Ewffrates i'r Iwerydd. Ar hyd y ffiniau safai'r llengoedd, yn fur dur i gadw'r barbariaid allan. Oddi mewn i'r mur hwnnw teyrnasai Heddwch Rhufain, lle medrai diwylliant flodeuo a nwyddau o ansawdd uchel lifo'n rhwydd o wlad i wlad, gan gynnal safon byw lewyrchus hyd yn oed i'r werin.

Aeth yr Ymerodraeth yn rhy fawr i un Ymherodr ei rheoli, felly penderfynwyd ei rhannu'n ddwy: y Dwyrain Groegaidd a'i bencadlys yng Nghaergystennin, a'r Gorllewin Lladin. Parhaodd y Dwyrain i ffynnu am gyfnod.

Ond yn gynnar yn y bumed ganrif bylchwyd ffiniau Ymerodraeth y Gorllewin. Torrodd llwythau barbaraidd dros y wlad a'i throi'n glytwaith o deyrnasau cwerylgar. A chyda hynny cwympodd gwareiddiad Rhufain yn deilchion. Chwalwyd llywodraeth, diflannodd trefn, pallodd masnach, dadfeiliodd dinasoedd, edwinodd diwylliant, syrthiodd safonau byw, a thoddodd Lladin clasurol yr Ymerodraeth yn lliaws o dafodieithoedd digyswllt.

Cafodd pob llwyth goresgynnol ei gyfran ... I Britannia daeth y rhai mwyaf anwar, paganiaid anrheithgar a lwyr ddinistriodd etifeddiaeth Rhufain. Taflwyd yr ynys yn ôl, yn ddiwylliannol a materol, i'r oes gynhanesyddol.

I Sbaen daeth Vandaliaid, Alaniaid, Suebiaid a Visigothiaid, ac ymladd ymysg ei gilydd, a'r Visigothiaid a drechodd. Ymfudodd y Vandaliaid i ogledd Affrica, diflannodd yr Alaniaid, cyfyngwyd y Suebiaid i Galicia yn y gogledd-orllewin, ac erbyn diwedd y bumed ganrif y Visigothiaid oedd meistri Sbaen.

Doedd y Visigothiaid ddim yn ddinistrwyr fel y Saeson. Lleiafrif bach milwrol oeddent, ac yn gorfod cyd-fyw â'r brodorion, ac yn enwedig â'u harweinwyr, yr esgobion. Gallai esgobion, oherwydd eu grym moesol a'u hawdurdod dros eu preiddiau, herio arglwyddi a brenhinoedd y Visigothiaid wyneb yn wyneb.

Mae straeon hynod ar glawr am rai o esgobion Emerita yn y dyddiau hynny, sy'n bwrw goleuni amryliw ar fywydau a chredoau'r bobl.

Groegwr o Ymerodraeth y Dwyrain oedd yr Esgob Paul, a

chanddo hyfforddiant fel meddyg. Un diwrnod achubodd fywyd gwraig un o benaethiaid cyfoethocaf y Visigothiaid trwy berfformio toriad Cesaraidd arni (ac mae'n fwy na thebyg mai ef oedd yr unig berson yng ngorllewin Ewrop ar y pryd, neu am ganrifoedd lawer i ddod, a fedrai wneud toriad Cesaraidd ar wraig fyw). Fel gwobr, gadawodd y pennaeth ei holl eiddo i Paul yn ei ewyllys, a gwariai Paul yn hael er lles offeiriadaeth a phobl Emerita.

Ar ei wely angau cymynroddodd Paul ei gyfoeth i'w nai Fidelis. Roedd am i Fidelis ei olynu fel esgob hefyd, ond bu rhai o'r offeiriaid yn gwrthwynebu.

"Iawn," meddai Fidelis, "ond cofiwch – fi biau'r cyfoeth!"

Felly etholwyd Fidelis yn esgob – ar yr amod ei fod yn gadael popeth i'r esgobaeth pan fyddai farw.

Ar ôl Fidelis daeth Masona'n esgob, a defnyddiai'r arian i godi eglwysi a mynachlogydd ac i ddosbarthu gwin, olew a mêl i'r anghenus. Gwelai pawb hefyd fod gan Masona ddylanwad eithriadol o fawr ar y Santes Eulalia, oherwydd yn ei amser ef bu Emerita a'r holl wlad o gwmpas yn rhydd o newyn a haint, a phawb yn byw mewn llawnder. Pwy allai fod yn gyfrifol am hynny ond Eulalia a Masona? Roedd Masona'n esgob poblogaidd dros ben.

Pan oedd Masona ar fin marw, rhyddhaodd nifer o gaethweision yr eglwys, gan eu gwobrwyo ag arian mawr am eu gwasanaeth ffyddlon. Cythruddodd hyn yr archddiacon Eleutherius, oedd yn disgwyl bod yn esgob ar ôl Masona.

A gwnaeth Eleutherius beth ffôl iawn. Dywedodd wrth y caethweision: "Pan fydda i'n esgob, bydd rhaid ichi dalu'r arian hynny'n ôl."

Aeth y caethweision â'r stori at Masona, a'i ymateb, er gwaethaf ei salwch, oedd mynd i eglwys Santes Eulalia a gweddïo gerbron yr allor. Roedd yn achlysur aruthrol; tyrrodd y bobl yno. Gweddïodd Masona am i Eleutherius farw o'i flaen.

Ac er holl erfyn truenus hen fam Eleutherius, gwrthododd Masona newid ei feddwl, a threngodd Eleutherius.

Sut esgob, sut santes, sut dduw oedd y rhain, ystyriwch?

Bu Emerita'n ddinas a phrifddinas Rufeinig am dros 400 mlynedd, o 25 cc tan y bumed ganrif. At y diwedd bu'n ddinas Gristnogol hefyd.

Bu nesaf yn dref farbaraidd a Christnogol am 300 o flynyddoedd. Crebachodd a dadfeiliodd, a symudodd y Visigothiaid eu pencadlys i Toledo, ond daliai'n ganolfan bwysig nes i'r Moros ei chipio tua'r flwyddyn 715.

Bu wedyn yn dref Islamaidd am 500 o flynyddoedd. Roedd Córdoba a Sevilla yn ddinasoedd mwy a bywiocach, ond parhâi Mérida i ffynnu nes ei hailgipio gan Gristnogion y Reconquista tua 1230.

Mae Mérida bellach yn Gristnogol eto ers bron 800 o flynyddoedd. Am y rhan fwyaf o'r rheiny, tref fach wledig, ddistadl, anghofiedig fu hi. Ond dechreuodd adfywio ganrif neu ddwy yn ôl, ac mae ganddi boblogaeth heddiw o ryw 55,000: tebyg efallai i Emerita Eulalia.

Adeiladwyd Emerita gan y Rhufeiniaid o farmor, priddfeini a cherrig nadd – i barhau. Adfeiliodd serch hynny, ac nis adferwyd, oherwydd pa angen temlau neu *forum* ar boblogaeth o Gristnogion? Cartiwyd yr olion ymaith i'w hailgylchu'n eglwysi, a'u hailgylchu eto gan y Moros yn fosgiau ac *alcazaba* (sef castell), ac eto fyth gan yr ail Gristnogion ar gyfer eglwysi newydd a *conventos*. Diflannodd Emerita dan Mérida.

Ond am i Emerita nychu am 1500 o flynyddoedd, dim ond canol y ddinas a ddiflannodd. Arbedwyd y cyrion, gan mwyaf; ac yno hyd heddiw erys theatr, amffitheatr, pontydd, acwedwctau ac ambell blasty – rhai o weddillion godidocaf Ewrop Rufeinig.

Roedden ni wedi cyrraedd y Parador – adeilad mawr gwyn yn disgleirio yn yr haul. Roedd iddo furiau plaen, clwstwr o faneri Paradoraidd lliwgar oddeutu'r porth, a simneiau uchel efo nythod aflêr anferth ar eu pennau. Ar bob nyth safai storc neu ddau yn clepian eu pigau, a'r stŵr i'w glywed ar y stryd.

Hen fynachlog Ffransisgaidd oedd y Parador, yn ôl y daflen, wedi'i sefydlu tua 1725 a'i chau yn yr 1830au, adeg diddymu mynachlogydd Sbaen. Gwasanaethodd wedyn fel ysbyty, fel gwallgofdy ac fel carchar, nes ei diberfeddu a'i hadlunio a'i hagor fel Parador yn 1933 – un o'r rhai cyntaf.

Ond dim ond y bennod olaf oedd honna, mewn hanes llawer hwy! Codwyd y fynachlog ar safle mosg, a ddisodlodd eglwys Visigothaidd, a gymerodd le teml Concordia y Rhufeiniaid a fu'n sefyll ar fin y *forum*. Tipyn o epig, hyd yn oed am Parador; ond trueni am y deml …

Cawsom ein diodydd *amigos* yn y patio: nid patio ond yr hen gloestr, gyda phortico o'i gwmpas lle bu'r mynachod yn eu gynau trymion yn rhodianna gynt …

Portico hardd, ond bod rhywbeth o'i le ar y colofnau: rhai'n hirach neu'n dewach na'i gilydd, a'r cabidylau o bob llun a siâp … Colofnau Rhufeinig oedden nhw, meddai'r plac, wedi'u casglu o wahanol adfeilion; ac roedd arysgrifau Arabeg ar rai, wedi'u hysgythru gan y Moros …

Ar ôl cinio aethom draw i lolfa'r gwesteion am goffi: nid lolfa, ond hen gapel helaeth y mynachod, gyda gril haearn cain yn ei rannu ar draws y canol, a phatrwm o deils ar lawr, a chromen uchel olau uwchben y gangell; a chadeiriau esmwyth a soffas, a blychau llwch ar y bordydd coffi … Ond pwy allai smygu mewn capel?

Yfory – tro o gwmpas Mérida; yna taith ar draws gwlad i Guadalupe …

6 Morwyn

Allan â ni yn gynnar i weld y Theatr a'r Amffitheatr a'r Circus, a hyn a'r llall, a'r "Amgueddfa Genedlaethol o Gelfyddyd Rufeinig", ac efallai'r *alcazaba* a'r acwedwctau.

Yn ôl y map, roedd y swyddfa docynnau ar gyfer y Theatr a'r Amffitheatr mewn *plaza* fawr o flaen yr Amgueddfa, ac ar y ffordd roedden ni'n disgwyl gweld Bwa Trajan a Theml Augustus. Ond aethon ni ar gyfeiliorn rywsut a chyrraedd y *plaza* yn syth. Dilynon ni'r twristiaid eraill ar hyd llwybr graean dan heulwen fwyn.

Ac wele'r Amffitheatr; ac er gwaethaf brath amser a thywydd, golwg amffitheatr oedd arni o hyd – stadiwm hirgrwn, tua hanner maint cae pêl-droed, a deuddeg rhes o seddau carreg yn codi o'i gwmpas; hefyd pyrth a *podium*, a wal, tua uchder dyn, i gadw'r anifeiliaid gwyllt (a'r gladiatoriaid – pwy a ŵyr?) rhag ymosod ar y gynulleidfa …

Aethon ni i mewn gan ddilyn trywydd y torfeydd ers talwm, ar hyd coridor uchel dan fwâu a fuasai unwaith yn cynnal to, heibio stafelloedd aros y gladiatoriaid a'r anifeiliaid, a heibio sawl staer garreg a esgynnai i'r awyr iach.

Dringon ni un o'r staerau a dod allan ynghanol y rhesi, a dewis ein seddau. Buasai'r Rhufeiniwr gynt yn gwbl gartrefol wrth gael hyd i'w le yn Stadiwm y Mileniwm: "Staer XII … Rhes IV … Sedd y rhif-a'r-rhif …"

Roedd digon o dwristiaid i'w gweld, yn eistedd, yn crwydro, yn dod i mewn ac allan trwy'r amryfal byrth a agorai ar yr arena – porth yr anifeiliaid, porth y gladiatoriaid, porth y lladdedigion …

Ond i ffwrdd â'r twristiaid! Dychweled ysbrydion Emerita, gyda'u tiwnigau a'u penliniau noeth (a'u gynau lliwgar hirion, achos bydd merched hefyd yn tyrru i'r lladdfa), a'u basgedi bwyd a'u costreli gwin, a'u clustogau i feddalu'r seddau, a'u hawch am waed …

Cyrhaedda'r pwysigion, a chymryd eu lleoedd ar y *podium*, eu llwyfan arbennig: swyddogion y fyddin a'r dalaith, offeiriaid a mawrion y dref, a Llywydd y Dydd (hwn, mwy na thebyg, fydd yn talu am y cynhyrchiad).

Daw rhes o gerbydau i'r golwg a gorymdeithio o gylch yr arena. Disgyn y perfformwyr ohonynt, a gorymdeithio yn eu tro, nes sefyll yn rhenc o flaen y *podium*. Mae yma gladiatoriaid o bob math: y *Thrax*; y *Myrmillo*; y *retiarius*, gyda rhwyd a thryfer fel pysgotwr; y *venatores*, neu helwyr; a rhagor … Mae yma gynorthwywyr hefyd, wedi'u gwisgo fel duwiau o'r Tanfyd: Charon – cychwr afon Angau – a fydd yn rhoi'r *coup de grâce* i rai a glwyfir yn farwol, a Mercurius Hebryngwr Eneidiau, a fydd yn cludo ymaith y celanedd.

Maent yn saliwtio'r Llywydd:

"*Morituri te salutant!* – Rhai ar drothwy angau a'th gyfarchant!"

Gwehilion cymdeithas yw gladiatoriaid: caethweision gan mwyaf, yn is na'r baw. Ond maent hefyd yn sêr – yn arwyr gan ddynion, yn ddeniadol i ferched …

Ac mae'r sioe'n dechrau. Gyrrir dyrnaid o droseddwyr i'r arena – rhai a ddedfrydwyd i farwolaeth – a'u clystyru yn y canol, nes rhyddhau llewod i'w llarpio; ac yna *venatores* gyda gwaywffyn i herio'r llewod, gan eu chwarae'n fedrus fel *toreros* heddiw (a hwyrach, yn Sbaen, mai etifedd y *venator* yw'r *torero*); ac ymladdfeydd diniwed, rhwng dynion â ffyn a chwipiau; ac yna'r gornestau rhwng gladiatoriaid go iawn ...

A dyma brif eitem y dydd – yr un y bu'r criwyr yn ei gweiddi hyd y dref: *Thrax* yn erbyn *Myrmillo* y tro hwn. Cedyrn cyhyrog yw'r ddau, yn noeth at y gwasg, ond yn gwisgo tarian ac ychydig arfwisg – helmed, sgert ledr, a bandiau lledr am y fraich sy'n dal y cleddyf. Hawdd gwahaniaethu rhyngddynt, am fod cleddyf y *Thrax* yn grwm, a'i darian yn fach, tra bo helmed y *Myrmillo* ar ffurf pysgodyn (math o bysgodyn yw *myrmillo*, wedi'r cyfan). Hen law greithiog yw'r *Thrax*, sydd wedi perfformio sawl tro yn Emerita; ond llanc hardd yw'r llall, a'i groen fel sidan.

Mae'r dorf yn rhanedig; rhai bob amser yn cefnogi *Thrax*, neu'n hoffi'r dyn a welsant mor aml; ond y merched (ac nid merched yn unig) yn ffafrio'r bachgen del.

Seinia utgorn, a symuda'r pâr i ganol yr arena, gan gylchu ei gilydd yn wyliadwrus. Ond wnaiff hynny mo'r tro; rhaid ymladd yn glòs, achos cleddyfau byrion sy ganddynt, nid *épée* d'Artagnan. Mae'r gwylwyr yn dechrau aflonyddu ...

Neidia'r *Myrmillo* ifanc i mewn yn wyllt a thrywanu; a'r hen *Thrax* yn atal yr ergyd â'i darian ac yn gwrthdrywanu, a'r *Myrmillo*'n gwrthatal – a'r dorf yn rhuo, a'r utgyrn yn diasbedain ... Ymwahanu, cylchu, a'r *Myrmillo*'n ymosod eto ac yn cilio.

Ffordd hyn, ffordd draw, ar hyd a lled yr arena, dan yr haul tanbaid, mae'r ddau yn ymlid ei gilydd. Ond gwêl pawb cyn hir mai profiad sy'n talu. Y dyn ifanc sy'n rhoi tir, a rhimynnau gwaed yn brigo ar y croen sidanaidd, yn diferu ar y tywod; ac eto mae'n ceisio ymosod.

Â phob ergyd gan y *Thrax* sy'n cyrraedd, clywch floedd y dorf, ochenaid y merched, *taratantara* yr utgyrn!

Mae'r ddau yn union oddi tanom bellach, wrth fur yr arena. Medrwn glywed eu hanadlu croch, gweld y ffrydiau o chwys sgleiniog. Ac i ffwrdd â nhw, trywaniad a gwrthdrywaniad ...

Ac yn sydyn, am unwaith, y *Thrax* sy'n ymosod. Dim ond un

ergyd, a honno ond yn taro'r darian, ond mae'r llanc ar lawr!

Taratantara!

Ond mae'n sgrialu'n rhydd fel cath, ac yn neidio ar ei draed a dawnsio ymaith.

Ac, er ei ddiffyg profiad, mae ganddo un tric yn ei arfogaeth. Yn lle fflachio'i lafn ofer eto, mae'n sleifio i mewn a gafael yng nghorff ei wrthwynebydd, fel ymaflwr codwm. Diwerth y cleddyfau mwyach; cofleidio, hyrddio, baglu, gwthio biau hi. Ac yn awr gwêl pawb mai ieuenctid a nerth sy'n talu. Mae'r hen *Thrax* ar ei sodlau, yn ymdrechu i gadw ar ei draed …

Taratantara!

Ac mae ar lawr! Ac mae cleddyf y *Myrmillo* wrth ei lwnc! Mae'n gollwng ei darian – yn ildio – ac yn codi ei law chwith i erfyn am dosturi. A chri'r dorf: "*Hoc habet!* – Mae ar ben arno!"

Taratantara! Taratantara!

Mae pawb ar eu traed yn gweiddi, rhai am achub yr hen wron, eraill am weld ei waed. A phawb yn llygadu'r Llywydd ar ei lwyfan – ef sydd i benderfynu – ac yntau'n ceisio synhwyro eu dymuniad. Troi ei fys bawd i fyny wnaiff e – neu i lawr? …

Tynnwn y llen yn fan'ma! Ond yn fy marn i, caiff y *Thrax* ei arbed. Cofiwch, y Llywydd sy'n talu, ac mae gladiator da yn ddrud – derbyniodd flynyddoedd o hyfforddiant, ac mae'n denu'r cwsmeriaid. Ac nid yw gladiatoriaid yn hoffi lladd ei gilydd (yn y taleithiau, beth bynnag; mae'n wahanol efallai yn Rhufain waedlyd); a gall fod y rhain – y cwmni cyfan, gan gynnwys eu perchennog – yn *ffrindiau*, sy'n teithio i bob man gyda'i gilydd: yn Carmo mis diwethaf hwyrach, yn Italica mis nesaf. Ac nid yw colli'n gyfystyr â marw. Ystyriwch hanes gwir y gladiator Flamma (sydd i'w weld ar ei feddrod): ennill 25 gwaith, *missus* (arbedwyd) bedair gwaith, *stans missus* (arbedwyd ar ei sefyll, sef ymladdfa gyfartal) naw gwaith – ac, am wn i, bu farw yn ei wely. Mae gen i ryw deimlad fod gornest gladiatoriaid braidd fel reslo – ddim yn hollol o ddifrif bob amser, efallai.

Croeson ni'r llwybr graean i'r theatr a dringo o'r coridor allanol i
fyny ac i fyny i'r rhes uchaf o seddau, a'r holl theatr dan ein traed;
ac erbyn hyn roedd hi'n dechrau poethi.

Roedd theatrau Rhufeinig yn eithaf tebyg i'n rhai ni, ond
ddim yn gwbl debyg. Roedd llwyfan wrth gwrs, ond dim balconi
na bocsys – esgynnai hanner cylchoedd o seddau carreg yn rhes
uwchben rhes i'r entrychion. Doedd dim to chwaith, ond gellid
estyn canfasau mawr lliwgar dros yr awditoriwm, a'r haul, wrth
hidlo trwyddynt, yn creu awyrgylch rhyfedd o goch neu frown
neu felyn. Ond cefn y llwyfan oedd y gwahaniaeth pennaf: yn lle
cefnlen symudol ceid anferth o adail parhaol – y *frons scaenae* – efo
colofnau a cherfluniau marmor.

Felly siâp ceugrwm, fel cragen sgalop, oedd i theatr Rufeinig;
a chanlyniad hynny oedd acwsteg odidog; gallai'r werin dlotaf
yn y seddau pellaf glywed (a gweld) pob dim a ddigwyddai ar y
llwyfan.

Canlyniad arall oedd bod theatr Emerita, yng nghwrs y
canrifoedd angof, wedi llenwi fel cragen â phridd a llwch, i fyny i'r
ymylon, nes ffurfio cae, lle tyfai ŷd a llysiau. Diflannodd llwyfan,
seddau a cholofnau dan y cnydau; diflannodd popeth ond saith
pinacl uchaf amgylchfur yr awditoriwm; a chafodd y rheiny'r enw
"Las Siete Sillas" ("Y Saith Sedd"), am i chwedl honni fod saith
o frenhinoedd y Moros wedi gorseddu arnynt ers talwm i drafod
tynged dinas Mérida …

Does dim cae nawr – mae'r gwaddod wedi'i glirio. O'n lle yn
yr hanner cylch uchaf o seddau, yn yr haul, gallem weld y theatr
yn ei chrynswth. Oddi tanom, fel grisiau, disgynnai rhyw ddau
ddwsin o hanner-cylchoedd eraill – eisteddleoedd caethweision,
tlodion, cyffredin, a'r pwysigion yn y gwaelod; a'r cyfan (gwaetha'r
modd) wedi'i adnewyddu â choncrit modern ar gyfer y gwyliau
drama a gynhelir yno bellach. (Y cynhyrchiad cyntaf yn y theatr
ddiwygiedig, dri chwarter canrif yn ôl, oedd trosiad gan ein ffrind
Miguel de Unamuno o'r hen ddrama Ladin *Medea*, gwaith Seneca'r
Ieuaf, brodor o Córdoba.)

Yna llwyfan anferthol, trigain metr o led a saith o ddyfnder.

Ac yna'r wyrth! – y *frons scaenae* neu dalcen, tu cefn i'r llwyfan, yn codi'n haenen uwchben haenen fel teisen briodas ... Sylfaen gadarn uchel (gyda thri phorth i'r actorion) yn cynnal rhes o golofnau mirain ... *entablature* ar ben y colofnau gyda ffris a chornis ... yna ail res o golofnau ... ail *entablature* ... a gweddillion pedimentau yn ben ar y cyfan ... A cherfiadau ar y muriau, a cherfluniau o dduwiau ac ymerodron rhwng y colofnau ... Rhyw deml uchel, fawreddog, gymesur oedd hi, yn ddisglair yn yr haul; ac yn hardd gyda harddwch neilltuol y byd clasurol, nad oes neb hyd yma wedi rhagori arno ...

Hardd; ond pa mor ddilys? Mae awdurdodau Sbaen yn hoff iawn o "adfer" eu hadfeilion, sydd trwy ddirgel ffyrdd yn tyfu a phert-bertio o flwyddyn i flwyddyn. (Pe caent eu dwylo ar Gastell Caerffili, siawns y byddent yn sythu'r twr.) Cafodd yr awditoriwm ei "wella", ac roedd tipyn o ôl gwaith ar y *frons scaenae* hefyd.

Ond mae un peth yn sicr: fyddai'r perfformiadau yn theatr Emerita ddim hanner mor goeth â'r adeilad. Allai Rhufeiniaid y cyfnod hwnnw ddim dygymod â phethau astrus fel yr hen ddramâu safonol (llechu mewn llyfrgelloedd byddai'r rheiny). Gwell ganddynt oedd sioeau cerdd, gyda sêr golygus a digon o ddawns a chân – tebycach i *Mamma Mia* na'r *Medea*.

Gallwn ni gloriannu poblogrwydd gwahanol adloniannau Emerita yn ôl nifer y seddau a ddarparwyd ar eu cyfer: rhyw 6,000 yn y theatr, 15,000 yn yr amffitheatr gladiatoriaid a 30,000 yn y Circus i weld rasys cerbydau – y theatr ar waelod yr ysgol, fel trwy gydol gorllewin yr Ymerodraeth. Am gymhariaeth fodern, cymerwn Milan (seithfed o'r *Dinasoedd Enwog yn eu Trefn* pan oedd Emerita'n unfed ar ddeg), gyda dim amffitheatr o gwbl, lle i dorf o 80,000 yn stadiwm pêl-droed San Siro, ac i 2,200 yn La Scala i wylio sioeau dawns a chân (rhai uchel-ael, mae'n wir).

Aethom i lawr rhwng y seddau ac allan trwy borth wrth ymyl y llwyfan ... Ond uwchben y porth wele arysgrif i wneud i'r galon lamu!

M.AGRIPPA.L.F.COS.III.TRIB.POT.III
Marcus Agrippa, mab Lucius,
deirgwaith yn gonswl,
deirgwaith ag awdurdod tribiwnicaidd

Dyna'r enwog Marcus Vipsanius Agrippa, y cadfridog mawr, gorchfygwr llynges Marc Antoni a Cleopatra ym mrwydr Actium, mor bwerus ag Augustus ei hun (a'i olynydd fel Ymherodr petai wedi byw), a chymwynaswr diderfyn ei gyfoeth a'i haelioni. Golygai'r arysgrif mai ef fu'n gyfrifol am godi'r theatr, a hynny rhwng 25 CC, pan sefydlwyd Emerita, a 12 CC pan fu farw Agrippa, yn 51 oed.

Bron hanner dydd: amser ymadael â'r Parador; cawsom y car a'i barcio'n gyfleus i ymweld â'r Circus. Ond roedd yr haul yn rhy boeth; gohirion ni'r Circus am y tro a mynd i ymochel yn yr Amgueddfa.

Tipyn o gampwaith pensaernïol – un modern – oedd yr Amgueddfa hefyd: atgof o fasilica Rhufeinig, yn uchel ac awyrog, a'r to'n gorffwys ar fwâu pengrwn. Roedd yno gerfluniau, mosaigau, wal-baentiadau – stwff gwych, o'r ardal … Dacw fosäig o olygfa yn y Circus: rhes o bedwar ceffyl afieithus yn tynnu cerbyd, a llach y gyrrwr yn hofran dros eu pennau … A murlun o ddigwyddiad yn yr amffitheatr: *venator* ar flaenau ei draed yn estyn ei bicell, a llew safnagored ar ganol llamu arno … Pethau lliwgar a byrlymog, eiddo *fans* hir-ddiflanedig.

Caeodd yr Amgueddfa am ddau o'r gloch, a phan aethom allan trawodd yr haul ni fel gordd. Ffoesom i gaffe cyfagos a llymeitian *granizados*.

Cychwynnon ni ar draws y *plaza* fawr am y Circus, o'r diwedd. Ond roedd yr haul yn wynias, a'r wybren fel tun tawdd, a'r holl fyd yn disgleirio, a'r gwres yn trybowndio o'r palmant fel cenllysg.

Roedden ni fel wyau mewn padell ffrio.

Gallai fy ngwraig ymdopi, ond allwn i ddim. Cyn pen dwy funud roeddwn i fel wy a'r melyn wedi chwalu. Dim awydd gweld y Circus na'r acwedwctau na'r *alcazaba*, dim ond cyrraedd y car a gwasgu'r botwm aer-dymheru, a dechrau'r daith hir oeraidd i Guadalupe i weld y Monasterio Real – "y Fynachlog Frenhinol" ...

Roedden ni'n teithio trwy wastadedd sych, trwy bentrefi llwydfrown, yna rhwng mynyddoedd coediog anghyfannedd. Daeth adeilad anferth i'r golwg yn y pellter: y Monasterio; yna'r dref fach wrth ei droed; a'r *plaza*, yng nghysgod y Monasterio; a'r Parador lle byddem yn aros heno – gynt yn ysbyty, ac yn dyddio o'r 15fed ganrif.

Edrychodd y dyn ifanc wrth y ddesg ar ein pasbortau.

"*You're from Wales? Do you know Llandudno? I worked in Llandudno for three years, learning English and hotel-keeping.*"

Llandudno y cymylau perlog, y glaw mân, y niwl yn llusgo o'r môr!

"*We're from the other end of Wales.*"

"*They have better weather in Llandudno than here, anyway,*" meddai.

Nid fi oedd am anghytuno.

Aethom i chwilio am ein stafell; taith milltiroedd eto, dan bortico cloestr, i fyny mewn lifft, ar hyd coridor ffenestrog uwchben y cloestr, lifft eto, i lawr staer, coridor arall ... O'n balconi roedd golygfa dros erddi'r Parador, hen dai cyfagos, mynyddoedd garw, ac uchderau'r Monasterio ...

A'r Monasterio rhyfeddol yn dirwedd o doeau ffantasïol, gwaith cenedlaethau o brioriaid cystadleugar: clamp o gastell ffiwdalaidd â bylchfur ar ei ben; cromen Fflorentaidd; sawl polygon *terra-cotta* serth; pediment trionglog clasurol; clochdy baróc; plasty Castilaidd; teils coch, glaslwyd, brown, melynaidd, lliw'r mêl a lliw'r gwaed; fforest o dyrau amrywiol, yn drwchus, tenau, sgwâr, pigfain … a phob twr â chroes ar ei binacl yn crafu am y gorau tua'r nen.

Mae stori ddiddorol (os braidd yn gonfensiynol) am sefydlu Monasterio mawreddog Guadalupe. Prin bod angen dweud mai ffugiad ydyw (ffugiad gan bwy? Gan bwy bynnag a elwodd arno, mae'n debyg); ond buasai pobl yr oes honno'n fwy na pharod i'w chredu.

Tua'r flwyddyn 1330 (ychydig yn gynharach efallai), aeth bugail o Cáceres i chwilio am fuwch goll. Daeth o hyd iddi'n farw ar lan afon Guadalupe, ond pan oedd ar fin ei blingo, dyma'r creadur yn adfywio. Ac ar hynny ymrithiodd y Forwyn Fair –

"Nac ofna," meddai'r Forwyn, "canys myfi yw Mam Duw, Gwaredwr dynion … Dos at offeiriaid Cáceres a dywed wrthynt mai fi a'th ddanfonodd, ac am iddynt ddod i'r fangre hon a phalu o dan y cerrig lle bu dy fuwch yn gorwedd; a deuant o hyd i ddelw ohonof. A dywed wrthynt am beidio â'i symud oddi yma, ond codi lluest drosti. Ac ymhen amser bydd yma eglwys a mynachlog enwog …"

Cafodd yr offeiriaid hyd i'r ddelw, ac mae ar glawr o hyd. Cerflun bach ydyw, yn mesur tua thair troedfedd a hanner o uchder, ac yn dangos y Forwyn gyda'r Baban yn ei chôl – a'r ddau'n groenddu.

Dechreuodd gwladwyr lleol ddod at Forwyn Guadalupe i ofyn ffafrau, a gweithiodd hi wyrthiau iddynt. Lledodd y sôn amdani trwy Extremadura, yna trwy Sbaen. Tyrrai pererinion a brenhinoedd ati, a'i gwaddoli â chyfoeth a thiroedd. Codwyd eglwys yn lle'r lluest, a'i disodli ag eglwys fwy. Codwyd mynachlog hefyd, a'i hymddiried yn 1389 i urdd newydd y Jeronimiaid, oedd ar ddechrau eu gyrfa o ehangiad disglair: ganrif a hanner yn ddiweddarach, fel y cofiwn, ymddeolodd yr Ymherodr Siarl V i fynachlog Jeronimaidd Yuste.

Parhaodd Monasterio Guadalupe i dyfu mewn gogoniant a chyfoeth. Breintiwyd gan Babau â phwerau ac annibyniaeth eithriadol. Daeth yn un o brif gysegrfannau Sbaen.

Wrth i rym Sbaen ledu i'r Byd Newydd, lledodd bri ac enw Guadalupe yn ei sgîl. Brodorion o Extremadura oedd llu o *conquistadores* a chenhadon America, gan gynnwys Hernán Cortés, y brodyr Pizarro a Nuñez de Balboa (a ddarganfu'r Môr Tawel), ac aethant ag enwau lleoedd eu cynefin i'w canlyn, "Guadalupe" yn bennaf oll.

Y "Guadalupe" cyntaf i'w enwi tu draw i'r Iwerydd oedd ynys Guadalupe yn y Caribî (bellach *département* Ffrengig Guadeloupe), a fedyddiwyd gan Columbus yn 1493 yn ystod ei fordaith ddarganfod gyntaf. (O Genova, nid o Extremadura, yr hanai Columbus, ond ymwelodd â'r Monasterio o leiaf pedair gwaith, cyn ac ar ôl y fordaith honno.)

Aeth "Guadalupe" o nerth i nerth. Mae'n enw erbyn hyn ar bron dau cant o leoedd yn America – ar ddinasoedd, siroedd, ardaloedd, trefi, maestrefi, pentrefi, treflannau, ystadau a *ranchos*; ar afonydd, nentydd, llynnoedd, cymoedd, ynysoedd, mynyddoedd a chadwyni o fynyddoedd (ac ar un mynydd tanfor, ger Hawaii); ar gamlesi, mwyngloddiau, cronfeydd dŵr, meysydd awyr … Ymestyn y rhain o Afon Guadalupe yng ngogledd California i Fae Guadalupe yn neheudir eithaf Chile; ac am i Sbaenwyr o America wladychu'r Philipinau, ceir sawl Guadalupe yno hefyd … Daeth Morwyn Guadalupe yn symbol o'r undod rhwng Sbaen a'i threfedigaethau coll; a hynny'n swyddogol, oherwydd mewn seremoni yn 1928 coronwyd hi'n "Frenhines y Sbaenau" gan y brenin Alfonso XIII (a ddiorseddwyd dair blynedd yn ddiweddarach).

Ond sut daeth delw'r Forwyn i Guadalupe yn y lle cyntaf? Esboniwyd hynny yn y llyfr *Arglwyddes Guadalupe*, a gyhoeddwyd yn 1597 gan Brior y Monasterio, y Brawd Gabriel de Talavera.

Yn ôl Gabriel de Talavera, lluniwyd y ddelw gan Sant Luc yr Efengylwr (meddyg oedd Luc, fel y gwyddom, ond rywsut, heb sail ysgrythurol, cafodd yr enw o fod yn arlunydd hefyd). Pan fu farw Luc, claddwyd y ddelw gydag ef, a phan symudwyd ei gorff i Gaergystennin yn 357 OC, symudwyd hithau. Tua'r flwyddyn 590 daeth y ddelw i feddiant y Pab enwog Gregori Fawr, a'i rhoi ganddo i'r ysgolhaig enwog Sant Isidôr o Sevilla i'w chyflwyno i'w frawd Sant Leander, archesgob enwog Sevilla; a chadwyd hi ym mhrif eglwys y ddinas nes i'r Moros gyrraedd yno (tua 713 oc), pryd y cipiwyd gan ffyddloniaid a'i chuddio ar lan afon Guadalupe …

Celwydd pob gair wrth gwrs! (Am un peth, dengys arddull celfyddydol y ddelw na ellid bod wedi ei llunio cyn tua 1200 oc.) Ond beth oedd pwrpas y celwydd? Mae'n glir mai gobaith y Brawd Talavera oedd cysylltu Morwyn Guadalupe â rhai o enwau mawr y Ffydd, a thrwy hynny ychwanegu at sancteiddrwydd a statws (a gwaddoliadau) y Monasterio. Digon sinicaidd, efallai, ond "os da y diben, da y dull" … Mae'r traddodiad Cristnogol (a thraddodiad pob crefydd, am wn i) yn gyforiog o'r fath straeon.

Gwasanaethodd y Jeronimiaid yn Monasterio Guadalupe am 446 o flynyddoedd, nes i'r llywodraeth ei ddiddymu yn yr 1830au, gyda'r rhelyw o fynachlogydd Sbaen. Gwasgarwyd y mynachod, trowyd yr eglwys yn eglwys blwyf, gwerthwyd adeiladau eraill, ac aeth y cyfan ar y goriwaered. Erbyn 1908, pan drosglwyddwyd y Monasterio i ofal brodyr Ffransisgaidd, roedd mewn cyflwr arswydus (dengys hen ffotograffau gloestr heb do, furiau syrthiedig). Yna sylweddolwyd bod trysor cenedlaethol yn mynd i ddifancoll, ac aed ati i'w adfer …

Roedden ni wedi cyrraedd Guadalupe yn hwyr y prynhawn, ond roedd y Monasterio yn dal ar agor, felly dyma groesi'r *plaza* a mentro ar unwaith i fyd dieithr Catholigiaeth Sbaen.

Roedd offeren ar y gweill yn yr eglwys, a'r gynulleidfa'n frodorion du o'r Caribî, pobl bwyllog, drwsiadus, a rhai o'r merched yn gwisgo hetiau. Buon nhw'n siarad Ffrangeg wrth ddod allan: pererinion o Guadeloupe, hwyrach?

Roedd ymweliad tywysedig i gychwyn ymhen chwarter awr, felly aethom i aros yn siop y Monasterio, oedd yn llawn o betheuach twristaidd priodol: lluniau Morwyn, cerfluniau Morwyn, platiau Morwyn, clociau Morwyn, modrwyon allwedd Morwyn …

Roedd un ar ddeg ohonon ni ym mharti'r ymweliad: gŵr a
gwraig a'u merch fach tua saith oed; pâr go oedrannus (nid ni!);
hen fenyw o Sbaenes a llanc a llances o'r Almaen gyda hi – ei
hŵyr a'i hwyres, mae'n debyg; ni'n dau; a'r dywysyddes, gwraig
fer fywiog ganol oed, â'i Sbaeneg yn glir a chyflym – gallem ei
chlywed, ond a fedrem ei deall?

Dechreuon ni yn yr eglwys: côr, cromen, allor, pileri, haearn gyr,
siandelîrs, aur, arian, tarianau, cerfluniau, addurniadau amrywiol
a dibendrawdod o baentiadau lliwgar. Llond gwlad o fireinder er
gogoniant i Dduw!

Sut mae ymateb i fireinder eglwysi Catholig? Mae pwysau'ch
magwraeth yn gwasgu arnoch!

Bydd calonnau Pabyddion yn chwyddo â balchder yn eglwys y
Monasterio, mae'n rhaid.

Bydd yr Iddew a'r Anghydffurfiwr, ar y llaw arall, a'r Mwslim
yn ei ffordd ei hun, efallai yn cofio'r Gorchymyn:

> Na wna i ti ddelw gerfiedig, na llun dim a'r y sydd yn y
> nefoedd uchod, nac a'r y sydd yn y ddaear isod, nac ar y sydd
> yn y dwfr tan y ddaear.

Neu gellir cymryd yr agwedd a fynegwyd gan Saunders Lewis:

> Dibwynt cain ystrydebau
> oesau fu yn yr oes fau.

Pawb at y peth y bo!

Ond yn wahanol i'r ysblanderau eraill, roedd gan baentiadau
eglwysig bwrpas addysgol hefyd, sef goleuo'r anllythrennog am
wirioneddau'r Ffydd: fel yn atgof annwyl François Villon o'i fam,
dros bum canrif yn ôl:

> *Femme je suis povrette et ancïenne,*
> *qui riens ne sçay; onques lettre ne lus.*

Au moustier voy dont suis paroissienne
paradis paint, ou sont harpes et lus,
et ung enfer ou dampnez sont boullus;
l'ung me fait paour, l'autre joye et liesse …

Gwraig hen a thlawd ydwyf,
heb wybod dim na darllen llythyren erioed.
Yn eglwys y plwyf gwelaf Baradwys baentiedig
gyda llawer crwth a thelyn,
ac Uffern lle berwir damnedigion.
Gan y naill caf fraw, gan y llall hoen a llawenydd …

Mae anllythrennedd yn lled ddieithr i Anghydffurfwyr ac Iddewon, ond roedd yn rhemp yng nghefn gwlad Sbaen tan yn gymharol ddiweddar.

Pwyntiodd y dywysyddes tua phen y mur, yn uchel uchel uwchben yr allor. "Dacw ddelw'r Forwyn," meddai. Ond roedd yn rhy bell imi ei chanfod.

Aethom trwy gloestr (roedd y to wedi'i atgyweirio) ac ar gylchdaith o hen drysorau'r mynachod … oriel gelf (gyda thri El Greco a cherflun o Grist Croeshoeliedig "a briodolir i Michelangelo") … llieiniau allor ac urddwisgoedd offeiriaid … llawysgrifau …

Roedd y llawysgrifau'n dda! – dalennau mawr o femrwn gydag ysgrifen ddu fras a llu o addurniadau lliwgar, a'r cyfan o waith llaw. Dyfeisiodd Gutenberg yr argraffwasg tua 1450, ond prin y sylwodd mynachod *scriptorium* Guadalupe; roedden nhw'n dal i gynhyrchu eu llawysgrifau del pan syrthiodd bwyell y llywodraeth yn 1835 …

Roedd y Monasterio yn labyrinth o gloestrau, neuaddau, capeli, patios, *plazas*, tyrau, *glorietas*. Aethom i fyny grisiau, a rhagor o risiau, ar hyd coridorau, trwy siambrau a chynteddau …

Daethom i'r Sacristi, encilfa'r Brodyr – stafell hir, uchel, odidog, gyda lluniau'n rhesi ar hyd y muriau (ond nid i addysgu'r werin anllythrennog, rwy'n meddwl; glas groeso a gâi pobl felly yma).

Peintiwyd y lluniau, meddai'r dywysyddes, gan Francisco de Zurbarán rhwng 1638 a 1640.

Ydych chi'n gyfarwydd â Zurbarán? Roeddwn i o leiaf wedi clywed yr enw. Mae'n arlunydd reit enwog yn Sbaen, a bron iawn yn enwog yn rhyngwladol – ond ddim cweit, efallai.

Roedd yn ffrindiau gyda Velázquez, yn cydoesi â Rembrandt a Van Dyck. Dyna genhedlaeth a wyddai sut i lunio portreadau – rhai synhwyrus, llawn cymeriad, gyda llawer o fanylion atodol, a'r cyfansoddiad yn ofalus ofalus.

Portreadau o Sant Jerôm a rhai o hoelion wyth Urdd y Jeronimiaid oedd ar furiau'r Sacristi –

Dyna'r "Brawd Martín de Vizcaya yn dosbarthu elusennau i'r anghenus", a'i olwg mor garedig a nawddoglyd.

Ac "Offeren wyrthiol y Tad Cabañuelos", a'r Tad yn syllu, nid heb syndod, ar gannwyll yn hofran yn yr awyr uwchben yr allor.

A'r "Brawd Gonzalo de Illescas, Esgob Córdoba" – dyna oedd y gorau: hen ŵr â chwilsyn yn ei law, a phenglog o'i flaen fel *memento mori*, yn eistedd wrth ddesg lawn llyfrau a phapurau, a'i wyneb crychiog yn tywynnu deallusrwydd, ac arlliw o ddirmyg ar ei wefusau tenau.

Y mwyaf gwirion oedd "Temtasiynau Sant Jerôm" – yr hynafgwr parchus yn estyn ei freichiau mewn arswyd rhag … hanner dwsin o ferched plaen, surbwch, canol oed, mewn gwisgoedd tywyll o'u gwddf i'w traed, yn canu liwtiau a thelynau. Doedd y merched ddim yn debyg o demtio neb – tybed ai Miwsig oedd y drwg?

Roedd pob portread yn rymus ac yn realistig – ac yn gwbl ddychmygol, oherwydd ymhell cyn dyddiau Zurbarán roedd pob un o'r gwroniaid (heb sôn am Jerôm) wedi mynd i le gwell hyd yn oed na'r Monasterio …

Does dim o waith Zurbarán yng Nghymru, i mi wybod, ond efallai mai anlwc yw hynny … Tua 1756, yn ystod rhyfel rhwng Sbaen a Lloegr, daliodd y Saeson long Sbaenaidd yn cario tri ar ddeg o luniau Zurbarán, sef portreadau unigol o Jacob a'i ddeuddeg mab. Prynwyd "Benjamin" gan Ddug Ancaster a'r gweddill gan Richard Trevor, Esgob Durham, aristocrat cyfoethog o dras Gymreig. (£125 a dalodd Trevor am ei luniau; erbyn 2001 roedden nhw'n werth £20 miliwn.) Trosglwyddodd Trevor y lluniau i'r esgobaeth, a gellir eu gweld heddiw yng Nghastell Auckland, Swydd Durham. Ond ystyriwch: rhwng 1744 a 1752 bu Trevor yn Esgob Tyddewi – ble byddai'r Zurbaráns heddiw petai wedi aros yno ychydig flynyddoedd eto? …

Aethom i fyny rhagor o risiau, a rhagor eto. Ac roeddem mewn llyfrgell yn y to, a hen fynach – nid annhebyg ei olwg i'r Brawd Gonzalo de Illescas, Esgob Córdoba, ond ddim mor amlwg ddeallus efallai – yn eistedd wrth fwrdd. Mwmianodd rywbeth wrthym – roeddwn i'n pallu deall gair – a'n harwain i stafell fach yn frith o addurniadau, a mwmian rhywbeth arall. Yna pwysodd ar lifer, a throellodd panel yn y wal …

Ac wele ddelw fach Morwyn Guadalupe, ddwylath oddi wrthym! Goleuodd wynebau'r hen wragedd yn ein plith (nid wyneb fy ngwraig). Eiliad o wir ddrama oedd hi.

Ac yn awr, mewn gwirionedd, dyma ddidoli'r defaid oddi wrth y geifr. Bûm yn meddwl mai twristiaid oedd ein parti; ond nid felly – roedd ei hanner yn bererinion. Mwmianodd y mynach weddi, a rhai'n rhoi'r atebion. Canodd lafargan, a hwythau'n cydganu. Estynnodd flwch bach gwydr tuag atom, a darn o frethyn ynddo – tybiais mai tamaid o fantell y Forwyn ydoedd. Aeth y gwragedd ymlaen fesul un a'i gusanu. Aeth un o'r dynion hefyd, ond nid y llall na'r ferch fach na'r ddau o'r Almaen.

Ni chusanodd fy ngwraig na minnau'r blwch wrth gwrs – na ato Duw! Beth bynnag oedd ar droed – beth bynnag ei sancteiddrwydd – rhyw gyfrinach rhwng Catholigion oedd hi, a ninnau heb fod yn rhan ohoni. Ond ni allwn ond teimlo mai ni, rywsut, oedd ar ein colled …

Y noson honno, wrth ginio yn y Parador, daeth pâr Americanaidd atom o un o'r byrddau eraill.

"*Are you English?*" holodd y dyn.

"*Well …*"

"*We just wanted to condole with you about those bombings in London,*" meddai.

Roedden ni'n meddwl bod hynny'n eithriadol o garedig a boneddigaidd.

Cawsom goffi yn y cloestr, ymysg y coed lemonau a'r coed orennau, yn sŵn y ffynnon. A bore trannoeth cychwynnon ni'n ôl i'r Costa Blanca.

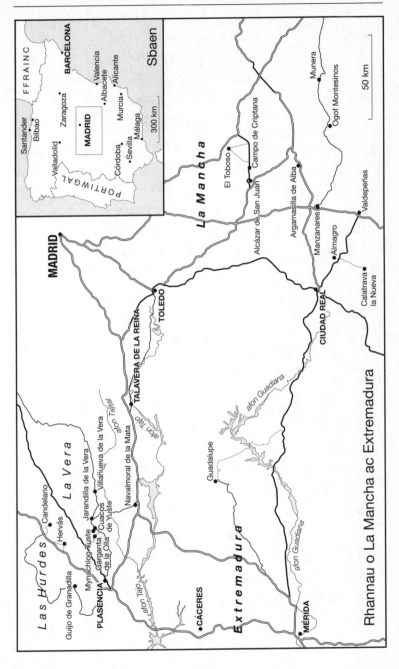

Dyddiadau Defnyddiol

218 cc-19 cc	Rhufeiniaid yn goresgyn Sbaen
313 oc	diwedd erlid Cristnogion yn Ymerodraeth Rhufain
409	barbariaid yn dechrau goresgyn Sbaen Rufeinig
tua 470-711	Visigothiaid yn rheoli Sbaen
711-tua 720	Moros o Foroco yn goresgyn Sbaen
tua 720	dechrau'r Reconquista
1140	Portiwgal yn dod yn deyrnas annibynnol
1158	sefydlu Urdd Marchogion Calatrava
1212	brwydr Las Navas de Tolosa
1389-1835	Jeronimiaid yn Monasterio Guadalupe
tua 1490-tua 1640	Oes Aur Sbaen
1492	cwymp Granada a diwedd y Reconquista
1492	Columbus yn darganfod America
1492	gyrru'r Iddewon o Sbaen
1516-56	Ymherodr Siarl V yn frenin Sbaen
1519-21	Hernán Cortés yn gorchfygu'r Asteciaid
1532	Francisco Pizarro yn dechrau gorchfygu'r Incaod
1547-1616	Miguel de Cervantes Saavedra (awdur *Don Quijote*)
1556-1598	Philip II yn frenin Sbaen
1571	brwydr Lepanto
1598-1664	Francisco de Zurbarán (arlunydd)
1808-14	Rhyfel Annibyniaeth Sbaen
tua 1810-tua 1824	Sbaen yn colli ei threfedigaethau ar dir mawr America
1830au	diddymu mynachlogydd Sbaen
1898	Sbaen yn colli Cuba, Puerto Rico a'r Philipinau
1923-30	Primo de Rivera yn unben ar Sbaen
1936-9	Rhyfel Cartref: buddugoliaeth i Franco
1939-1975	Franco yn unben ar Sbaen

MYNEGAI